メンバーシップ型雇用とは何か

日本的雇用社会の真実

本田一成

旬報社

まえがき

イオン、ニトリ、セブンイレブンなどのチェーンストアはわれわれの日常生活に欠かせない存在である。生まれた時からそう暮らしてきた大学生たちと話していて気づくことがある。若者はチェーンストアが出現する前の流通産業のことをまったく想像できないことである。当たり前かもしれない。たとえば、駅でタッチ式自動改札機しか見たことがない人間にとって、駅員が紙製の切符にハサミで切り込みを入れる光景など想像できるわけもなかろう。

チェーンストアは一九五〇年代に日本に突如として出現した。最初にアメリカなどで先行する海外企業を模倣してスーパーマーケットが生まれた。スーっと現れてパーっと消える、などと揶揄された。ということは、チェーンストア労働者は、もともと日本にはいない。産業も企業もなく、人事制度も教育制度も、雇用慣行も労働組合も、なかった。

翻って二〇二三年、日本企業の雇用を説明するのに、「メンバーシップ型雇用」、「ジョブ型雇用」という言葉を使わない研究者や実務家をほとんど見かけない。類まれなる学卒新規一括採用とそれ以外の採用閉鎖、男性正社員を中心とする無限定と言えるキャリア形成などの囲い込み型雇用は、就職ではなく〝就社〟と言える。

労働組合は、その結成の経緯はさまざまであるにせよ、圧倒的多数がメンバーシップ型雇用と親和的な企業別組合であり、男性正社員主義を実体とする企業と労組、あるいは社員と組合員の二重のメンバーシップが混在している。企業別組合の委員長経験者が退任後に企業幹部になり、代表取締役社長になるのは例外ではない。メンバーシップ型雇用のなせる業である。

筆者の主な研究対象はサービス産業、とりわけチェーンストア産業の労働問題であるから、好都合な面がある。もともと存在しない産業で、どのようにメンバーシップ型雇用が形成されたのかを観察できるからである。アメリカ生まれのチェーンストアを輸入したのだからメンバーシップ型雇用でなくても、アメリカ流の雇用もありえたのである。そこに論点が生じる。

もう一つ好都合なことがある。日本の企業別組合は機関紙や周年誌などの発行や保存に熱心である。労働運動が興隆する時期とはいえ、定期的に発行を続けてきた。そうした労組の刊行物は価値の高い歴史的資料となろう。なぜならば、労働者の姿が見えるからだ。その時代に生きる息づく労働者が見える。企業の資料から労働者の姿は十分に見えない。メンバーシップ型雇用とはロジックであり、そのロジックが映す像は見えても、そこに現実の労働者の姿はない。

本書は、チェーンストア産業のメンバーシップ型雇用に注目し、企業別組合を労組としてだけでなく、労働者の集団として見て実像を追う。メンバーシップ型雇用は周知のとおり、濱口桂一郎氏が指摘し、命名した呼称である。実効性も考えずにジョブ型雇用に飛びつく関係者の態度に濱口氏は冷ややかな反応をしているが、研究者の態度にも疑問がある。一足飛びにジョブ型雇用を拾って話題にする前に、まずはそれぞれの研究領域で労働者たちに目を凝らし、メンバーシップ型雇用の起源、形成過程、帰結など検証しないのであろうか、という疑問である。

あるいは、日本企業のジョブ型雇用の真贋が見分けられるようになるにつれ、メンバーシップ型雇用をどう修正するのか、そのためにメンバーシップ型雇用の本質とは何かを問う方向へ転じていくのかもしれない。本書がその参考材料の一つになれば幸いである。

目次

第二章 「メンバーシップ型雇用」の形成

第三章 「メンバーシップ型雇用」とは何か

序章

「メンバーシップ型雇用」を問い直す

「メンバーシップ型雇用」開祖者の嘆き

日本の大企業や公務員などで普及しているメンバーシップ型なる雇用タイプからジョブ型への移行が喧伝されている。メンバーシップ型とジョブ型と命名し、日本の労働社会を解剖したのは濱口桂一郎氏（労働政策研究・研修機構労働政策研究所長）であるが、その濱口氏が、関係者のジョブ型雇用に対する理解度を問題視している。

ジョブ型雇用とは、濱口氏が読者のジョブ型雇用の理解度を上げるために書いたベストセラー『ジョブ型雇用社会とは何か』（岩波新書、二〇二一年）で述べているように「この仕事ができる」人を優先して雇うことである。同期入社の仲間なんかいないし、雇うのは現場の管理職であるため人事部は姿を見せず、年齢の上昇とともに賃金が上がらないなど、日本国民から見れば、たしかに理解しがたいものであろう。一方、メンバーシップ型雇用とは、どんな仕事であるか特定も明記もされておらず、毎年の賃金上昇が予定されていて、使用者の命令によって働く人を雇うことである。こちらは国民が馴染んでいるもので、多くの場合は疑問もわかない。

濱口氏は二〇〇九年のベストセラー『新しい労働社会』（岩波新書）の中で、メンバーシップ型雇用とは職務のない雇用契約、長期雇用、査定付き定期昇給のある年功賃金、報酬としての人事異動、企業別組合など、メンバーシップ型雇用を構成する要素を説く。『ジョブ型雇用社会とは何か』では再び、メンバーシップ型雇用とジョブ型雇用を対置させる形で、雇用、賃金、労使関係の三つがどうなるかを解説している。

新旧の書を読み返してみれば、たしかに大方のジョブ型雇用理解の誤りに気付く。しかし、ジョブ基準の話をヒト基準で解釈したり、ジョブ基準だと労働時間ではなく成果で評価すると誤解して成果主義と直結させたり、ジョブ型雇用が解雇自由な方式だと主張したり、非常に古めかしいジョブ型雇用を新しいものとして受け入れようということであれば、俗流ジョブ型雇用は全然ジョブ型雇用とは違うと言いたいのはよくわかる。

ではジョブ型雇用ではないジョブ型雇用とはどんな風情で日本企業が導入しているのであろうか。まず圧倒的多数の企業がメンバーシップ型雇用のままである。一握りの企業がジョブ型雇用と称した雇用制度へ転換しはじめたが、それらの企業が先進的であるとされる。だが、その雇用制度は、メンバーシップ型雇用の一部の変更した雇用制度というほうが正しい。主な変更点は二つある。

第一は職務主義の強調と呼ぶべきものである。メンバーシップ型雇用がもたらす仕事経験の幅の広がりに歯止めをかけ、労働者の配置先の職掌を細分化したり、配置転換や転勤を制限したりする。要するにこれまでに比べて労働者の特定の仕事への固定性を強め、それを軸に採用や退職、賃金や昇進昇格などに関わる人的資源管理の各領域の機能を見直す。いわば職務の磁力を高めるということで、欧米のジョブ型雇用ではない。

第二は、濱口氏がもっとも憤慨する点だが、非時間管理を拡大しようとする成果主義である。

成果主義自体は人的資源管理の一形態であるが、なぜかジョブ型雇用と成果主義がセットになっており、その脈絡は必然ではない。職務主義も成果主義も選択としてはありうる話だが、欧米の多くのジョブ型雇用労働者は成果など問われない。それを日本であたかもジョブ型雇用の常識のようにまとめて進めてしまっては、本来のジョブ型を否定することになりかねず、誤用と言える。それならば日本型ジョブ型とか、○○社型ジョブ型ではどうか、と言われても、基本的にメンバーシップ型雇用のままの機能が残されているから羊頭狗肉である。すり替えに近いと言える。

それでも、職務主義やそれと合わせ技の成果主義に対して、変化がある、ととらえればそのとおりであるが、欧米のジョブ型雇用とは似ても似つかない。

そうなると、ジョブ型雇用の是非や内容の論議へ進む前に、なお継続されているメンバーシップ型雇用を分析すべきではないのか。つまり、なぜ〝どうするメンバーシップ型雇用〟とはならないのか。

どうして「メンバーシップ型雇用」はダメなのか？

一方で、労働者の不安どころか死活問題として、ジョブ型雇用を求める立場があるのも事実である。どうしてメンバーシップ型雇用のもとに置かれる労働者にとってメンバーシップ型雇用が「是非」のうちの「非」なのか。何が問題ありと認識されているか。

まず、無限定正社員の温存に対する反対論があろう。無限定労働に陥ったままで、転勤や長時間労働が常態となっている。過労死・過労自殺の懸念がある。すなわち、メンバーシップ型雇用からの離脱は正社員の問題解決のためということになる。ここから、働き方改革にワークライフバランスの議論が重ねられていることもわかる。働き方だけでなくその裏側にある暮らし方を重視する。

また、賃金格差の温存に対する反対論がある。無限定正社員をスタンダードにすると、そこからの距離で、雇用形態を配することになりがちである。無限定正社員にならない、なれない労働者向けに限定的な正社員だけでなく、非正社員を作り出す。しかも、性別役割分業が強固な日本では、非正規労働者の多くは女性であり、非正規問題は女性問題と大きく重複する。この関係を壊すには企業へのメンバー性ではなく、ジョブ基準という別のモノサシで組み替えることが一案となる。ジョブ型雇用を非正規問題解決のためのゲームチェンジャーにしたいということになる。

これらの点は、労働者が何をもっとも優先して働き方を改革したいのか、と問い直してみれば、一目瞭然である。

働き方改革の論議で十分にわかることだが、正社員にとっては長時間労働の是正、非正社員にとっては同一労働同一賃金の実現こそが最重要課題であった。だから、メンバーシップ型雇用をやめてジョブ型雇用にすれば働き方改革になる、という答えも一案となる。もちろん、ワークライフバランスの視点からも同様である。

だが一方で、「働き方改革」の論議では、労働者がそれを進めるか、使用者がこれを阻むかの双方のせめぎ合いで違う方向へ向かった。高度プロフェッショナル制度の導入や、同一労働同一賃金が争われた一連の裁判の積み重ねが示すのは、俗流ジョブ型雇用であると判明したことである。労働者の要求は、ジョブ型雇用に移行すると言いながらメンバーシップ型雇用を続けようとする使用者に阻まれ、ジョブ型雇用に進めないことである。

また、ワークライフバランスと言いながら、もっぱら女性の就業継続の拡充に傾注し、性別役割分業は変わらずむしろそれを前提として、ジェンダーギャップ指数最劣悪国であり続けている。そうこうしているうちに、「働き方改革」は足を止めている状態となる。「働き方改革」停止状態とはもちろん長時間労働の弊害がなくならないまま、同一労働同一賃金が実現されないまま、ということである。時に労働者に寄り添う労働弁護士から聞くことがある言葉のほうがわかりやすい。曰く、「時間どろぼう」と「買いたたき」である。これらはどんなに制度変更を重ねても、一向になくならない。まるで「労働者の宿命」のようである。

メンバーシップ型雇用をやめようという使用者が、メンバーシップ型雇用をやめたら労働者が得られる果実を認めない、という構図だからだ。だから、実際には、メンバーシップ型雇用をやめずに変形しようとしているのに、濱口氏のいう誤ったジョブ型雇用論議がひねり出され、それが延々と続いている。だから、再び「どうするメンバーシップ型雇用」に話は戻る。

どうする「メンバーシップ型雇用」

一足飛びのジョブ型雇用移行ではなく「どうするメンバーシップ型雇用」の議論を続けよう。メンバーシップ型雇用もある程度の型だと見れば、バリエーションがあるのは当然である。労働社会の成熟や人的資源管理の発達とともに、常にメンバーシップ型雇用上の選択肢はある。それを把握しようとする一つの視点は、メンバーシップ型雇用が純化するか否かであろう。濱口氏のいうメンバーシップ型雇用の構成要素が強まるか弱まるかである。

では純化する前はどうか。日本はもともとメンバーシップ型雇用であったわけではない。したがって、メンバーシップ型雇用をめざす時、それは擬似的なメンバーシップ型雇用を経験するはずである。歴史的経路としては、日本の企業は、擬似メンバーシップ型雇用の試行を経て、純化したと解釈するのである。

すると、擬似メンバーシップ型雇用を体験して通過した日本社会が純化の飽和点を迎えた。そこで反転に向かう。だがその姿勢はあったとしても、あるいは離脱ができるかどうかの前に、まず擬似メンバーシップ型雇用の段階に戻りつつあると考えるのが自然であろう。ジョブ型議論もその一例ではないか。

だから、安直なジョブ型雇用移行の前に、反転はあっても離脱が必然であるかどうかを問うべきであろう。純化や成熟を経た労働世界に突然変異が訪れるのかどうかである。筆者の想像するところでは、おそらく濱口氏は、ジョブ型への移行は現状を見る限りありえないと考えている。

その一方で、新たに生まれ、成長していく産業でもそうなのか。つまり、メンバーシップ型雇用が全盛の日本であっても、メンバーシップ型雇用に執着せずメンバーシップ型雇用からの決別へ向かって反転する余地はないのか、という疑念が残る。本書は、この点に着目して、メンバーシップ型雇用を考えてみたい。

だが現在進行形の産業では、結論は得られず検証するのは難しい。そう考えると、歴史上で事例を探すことになる。そこで目をつけたのが、一九五〇年代後半に欧米からいわば輸入されたチェーンストア産業である。メンバーシップ型雇用への抵抗や反転について観察できる好例ではないのか。そこに何を見るか。

筆者は、チェーンストア産業の労働問題を研究してきたが、直接にメンバーシップ型雇用に関わる検討を加えたことはなかった。本書でそれを試み、メンバーシップ型雇用を問い直してみたい。

本書は、以上の関心に沿った五つの章から構成されている。

この序章では、目下当然のように進みつつあり、先進的と解釈されているジョブ型雇用の論議や制度変更を疑問視し、メンバーシップ型雇用を問い直す着眼が欠如していることを指摘した。

第一章は、いわば白いキャンバスのはずであった一九五〇年代以降のチェーンストア労働者たちの実態と意識を考察する。労働者たちはやがて労働組合を結成し、企業ごとの集団になり、メンバーシップ型雇用へ向かっていった。

第二章は、主として一九七〇年代に、労働者たちが企業と働き方をめぐる交渉を重ねるうちにメンバーシップ型雇用が固められていく姿を描く。企業にも労働者にもめざすところはあったが、労働者は企業との取引に応じ、心理的契約を受け入れるようになっていった。

第三章は、それから半世紀後のメンバーシップ型雇用が張り巡らされる現在から、メンバーシップ型雇用の本質とは何かを明らかにする。そうして照らされる労働者たちを描く。労働市場、雇用形態、労働者の生活を含めてメンバーシップ型雇用を透析すると、労働者たちはメンバーシップ型雇用の「設計図」の中にどのように書き込まれているかがわかる。

以上の考察を総合して、最後に終章を記す。「働き方改革」という国民的な営みの中に、これまで見出された点を確認しながら、将来の変革の糸口を考える。強靭なメンバーシップ型雇用と労働者の現在地が見えてくるから、これから何をすべきかを考えて欲しい。

第一章

黎明期の「メンバーシップ型雇用」

チェーンストアの労働者と労働組合

一九五〇年代後半以降、アメリカから伝播したチェーンストア理論に則って、斬新な小売企業が出現した。チェーンストアの創業者たちは、従来の商人像や個人商店からビッグビジネス（ビッグストア）への転換に挑んだ。ドラッカーが「経済の暗黒」と呼んだ流通産業を抜本的に変える意気込みを持って、研究と実践を続けた。商品政策、流通チャネル、価格、組織などが様変わりして見たこともない野心的な小売企業が誕生した。その野心はもちろん巨大企業への成長に向けられていたが、一方では、商品価格を大胆に下げることをもって国民生活に資する社会貢献へ注がれたため、国民から注目と支持を集めた。

チェーンストアと百貨店は違う。両者には「格上、格下意識」があったのは事実だが、チェーンストアには「夢」がある。商品、価格、流通を支配され、「小・売り業」に甘んじてきた原因がメーカーにあると見抜き、メーカーに対抗し、対決し、主導権を奪う、という長期目標である。

その目標の最もわかりやすい指標になるのがPB（プライベートブランド）商品である。時に「製造企業いじめ」とも言われるが、いじめられてきたのは小売企業のほうであった。小売業がメーカーに仕入れを許されストアに置かせてもらっているのではなく、小売業が商品開発し、メーカーにつくらせ、売ってあげている商品である。

それには、小売業が能力を磨き、ビッグストアになる必要があった。道なかばだが、PB商品が本格的に定着するまで六〇年以上を要したことになる。ＰＢ商品にはそんな意味がある。今やどのストアにもあり、愛用しているＰＢ商品に隠された流通革命の意味も、大学生たちは知らない。

それまでの商業を否定し、流通革命に燃える企業の労働者たちの労働条件や職場環境がいかなるものであったのかは容易に想像がつく。やりがいはあるが劣悪であった。また、新興産業へ多様な経路で流入する労働者たちが混在し、離職者が多く、企業組織の整備が追い付かず大混乱に陥った。

こうした状態が続くなかで、労働者たちがまとまりはじめ、労働組合が結成されていく。主に一九六〇年代だが、先覚的なチェーンストア労組は、十字屋労組、東急ストア労組、ユニード労組、ダイエー労組などであり、それに続く西友労組、ユニー労組などである。これらが集まり、全国チェーン労協（全国チェーンストア労働組合連絡協議会）が発足した。

一九七〇年代に入ると、繊維産業の産業別組合であった全繊同盟（全国繊維産業労働組合同盟）が、チェーンストア労組の結成に参入し、組織化を開始した。長崎屋労組、ジャスコ労組、イトーヨーカ堂労組などが誕生した。百貨店産業の産業別組合であった商業労連（日本商業労働組合連合会）もチェーンストア組織化を開始した。

こうして全繊同盟、商業労連、チェーン労協の三極から組織化が進み、日本全国でチェーンストア労組の結成が続いた。日本では、一般に組織化が難しいと言われる小売業の組織率が高く、組合員数に占める小売業組合員の割合が高いのはこのためである。

以下では、先覚的な労組の結成に着目しながら、当時の労働者たちを追跡してみよう。まずはダイエー労組を取り上げる。経営危機に陥ったものの、かつては日本一の売上を誇るいわば横綱企業であり、実務家の評価が高いだけでなく、現在でも研究者の関心をもっとも集める。

それだけの理由ではない。一九五〇年代以降、百貨店系などのチェーンストアでは、結成に際してすでに親会社に労組がありその影響を受けて労組が結成されていた。ダイエー労組は、個人商店から出発している点で、実質的には日本初のチェーンストア労組と見なせるからである。ダイエー労組に先立ち結成されていた労組はすぐ後に取り上げることにする。

一九六五年ダイエー労組の結成

労組結成が結成されるまでのダイエーの成長の概要を確認しておこう。

終戦直後に神戸へ復員したダイエー創始者の中内㓛（＊）は、サカエ薬局を経営していた父親の仕事を再び手伝いはじめた後に、友愛薬局、サカエ薬品、大栄薬品工業の経営を経て、一九五七年、三五歳で「主婦の店ダイエー」を大阪市の千林駅前に開業した。五三㎡ほどの店であった。しかし半年後に倍増拡張し、以後店舗面積を広げた。一方、一九五八年に約六〇〇㎡の二号店、一九六〇年に約一二六〇㎡の三号店などを出店した。ダイエーはチェーン化へ踏み出し、「見るは大丸、買うはダイエー」のキャッチコピーで売上を重ね、ナショナルチェーンをめざすことになった。

一九六二年に売上高は一〇〇億円を突破した。一九六三年に西宮にチェーン本部を設置して、福岡や神戸に日本の総合スーパーの原型となるＳＳＤＤＳ（セルフ・サービス・ディスカウント・デパートメント・ストア）業態の店舗を展開した。また、福岡と神戸の両方から瀬戸内海沿岸に出店する「瀬戸内海ネックレス構想」、首都圏の人口急増地帯に虹を架けるように出店する「首都圏レインボー作戦」などにより精力的に出店を加速させた。

大量の労働者を必要としたダイエーは一九六三年から大卒定期採用と中堅幹部定期採用を開始した。すなわち、それまでそのつど採用していた中途採用者も、一部のスカウト人材を除いて定期採用に転換していった。

ダイエー労組を結成し、初代委員長となった松吉英男は、一九六四年にその第二期中堅幹部定期採用者三五人の一人である。三八歳で最年長者の松吉は総務部に配属されたが、ダイエー入社前に鉄鋼、港湾、運輸など七社の勤務経験があるため、すぐにダイエーのずさんな労務管理を見抜いた。

松吉の目に映ったダイエー社内の状態をリプレイしてみよう。

総務課に配属された直後の松吉は、公式的な会社発信文書や受信文書が整理されていないことに気づいた。それどころか、社印の管理もずさんで押印ルールがない。郵送に使う切手も分散していた。切手だけではなく事務に使う文具や資材も同様であった。松吉は押印申請規定集を編集するとともに、すべての文書類の台帳をつくった。業務資材は保管場所を決め、使用ルールを定めた。

松吉の上司は人事部長兼総務部長であり、いやでも本部や店舗の人事案件が松吉にも聞こえてくる。そこで奇妙な話を聞いた。守衛と保安警備員が対立していた。当時門番に近い守衛と、二四時間体制で夜警もこなす保安警備員とでは仕事が違う。だがまとめて管理していたため、折り合いが悪くいさかいが絶えない。松吉は、守衛と保安警備の業務の役割分担を明確に決めた。これを聞きつけたのか、社有車の運転手たちから不満が寄せられた。こうして、混乱する現場で発生する不具合が松吉のところへ持ち込まれるようになった。

松吉はさらに信じられない事件に遭遇した。総務部の女性社員から店舗に勤めている友人女性について相談を受けた。ストア主任から、「お前はクビだ!」と言われ意気消沈しているという。確かに販売で失敗して迷惑をかけた。だから不本意だけれど実家に帰りたいが、電車代がない。給料を先にもらって電車代に充当したいと言っている、それができないならどうしてよいかわからない、と途方に暮れていた。

松吉は人事部に出向き、ストア主任には解雇する権限はないだろう、と抗議したが埒があかない。店長に電話して事なきを得たが、話しているうちに人事部の社員たちは「労働基準法」の存在も知らないことを知る。ストアで働く労働者の残業代はどうなっているのか、と考えているうちに、怖くなってきた。

一九六〇年代前半まで、ダイエーの労働者は労働条件とか就労環境うんぬんを話題にする前に、会社が大混乱しているなかで無防備であり、何一つ守られていなかった。松吉は、ダイエーという有名企業の内実を案じたが、同時に労働者たちのことを考えると居ても立ってもいられなくなってきた。これがダイエー労組の結成へと松吉が動いた原因の一つである。

一九六五年五月二二日、兵庫同盟の支援を得た松吉ら有志が神戸国際会館でダイエー労組を結成した。委員長は松吉、書記長には鈴木達郎が就任した。鈴木は、大卒定期採用一期生で、後にダイエー役員となり、セブンイレブン会長となった鈴木敏文と並び、「両鈴木」と言われた幹部人材である。

鈴木は、自らが仕入れを担当したタコが松籟店で好塩菌による食中毒事件を発生させた際に松吉が解決したことがきっかけで、労組入りすることになった。「それでいつストライキをやるんや」と真顔でたずね、「アホか」と松吉にたしなめられた。

公式記録は存在しないが、労組結成大会に続く各支部の結成大会は決して円滑には進まなかった。組合員たちが労組に対する激しい賛否両論が展開され紛糾した。「会社に文句をつける団体は反対」「軟弱な労組は反対」と正反対の絶叫や罵声が交錯して時間切れとなり、やり直しの再開となった。二度も呼ばれた来賓は迷惑顔で並んでいた。

一方、社長の中内㓛の労組に対する認識レベルもほぼ同じだった。松吉は念のため不当労働行為を防ぐために、労組結成準備の途中で中内に会って説明している。

その席上、「だましやないやろな」と疑心暗鬼になっていた中内は、労組は闇雲にストをやらない方針であることを聞いて安心すると、今度は、「それなら俺が労組をつくって委員長になってもええな」と上機嫌になった。松吉は内心、「アホか」とつぶやいていた。カリスマは革命には敏感でも労働者には鈍感であった。

こうした労働者の状態を勘案すると、現在ではありきたりに見える考え方が、当時は希望をもって語られていることがよくわかる。松吉が結成大会で使った手書きの挨拶原稿の内容をここで翻刻してみよう。

松吉英男「中央執行委員長就任に際して」

皆さんの絶大なご理解とご支援によりましてダイエー労働組合が結成されました事をお喜び申し上げます。

これからは、職場の中において自分の意見が自由に発言でき賃金とか労働条件について労働者の立場から要求する道が開けました。

よりよい労働条件、不平不満のない明るい職場を確保するため経営者と交渉する道も開けました。私達は労働組合という団体を結成したことにより団体で行動し、団体で交渉する自由を得た事になりました。

とかく労働組合というと発起人と経営者に一悶着あり、あげくのはてが結成早々赤旗を掲げてストライキに入るのが当然であるという認識があるようであります。しかしこういった考え方は過去の亡霊に過ぎないと考えます。

私達の結成した労働組合は過去の労働者が長い苦しい体験のすえ手に入れた成果の上になりたつものであります。

その結成の方法も先輩労働者のにがい経験をくりかえさない最も犠牲の少ない最善の方法をとりえたと確信しております。

今後の運営につきましても先輩たちの失敗をくりかえさないことを念頭におきたいと思います。すなわち私達が考えている労働組合は企業の運営の任に当たる経営者と生産現場で働く労働者とは、それぞれ役割は異なっているけれども、生産やサービスを中心として結びついたパートナー、つまり相棒同志であるという考え方の上にたって運営されなければならないということであります。

これは労使の対立関係を組織の力、背景は労働組合にとって無視することは出来ないが、民主主義の基本的立場において力づくよりも話し合いを闘争よりも合理的な説得を問題解決の手続として重視することであります。

もちろん労働組合である以上交渉が決裂したときの最終手段としてのストライキ権を保有し、実力行使の準備を怠りませんが、団体交渉で自主的に解決する努力を積極的に取り入れ、労働者と経営者は同じ人間であって人間の尊厳性を尊重する事を基本として腹蔵なく話し合うという立場をとっていきたいと考えております。従って話し合いの場として私達は労働組合法施行以来二〇年、幾多の労使が辛酸を経てやっと到達した労使関係の安定策としての労使協議会方式を誕生早々採用してこれらの遅れを取りもどし新しい労使関係と言われるこの方式を一日も早く自分達のものとして消化していきたいと念願しております。

私達にとってもまた経営者にとっても労働組合は初めてのものです。しかし、未経験の私達には全日本労働組合総同盟という強力な上部団体がバックアップしてくれていますので、非常に力強く感じております。

私達は産業民主主義の精神に則る労働組合として有効適切に協力し合って幾多の障害や困難を乗り越え、自らも労働者として、また労働組合として勉強を怠らず、地位の向上を目指して前進しようではありませんか。

スーパーマーケットという新しい流通業界で本格的労働組合を結成したのは私達ダイエーだけであり、新しい産業の新しい労働組合、つまり国民経済生活に直結する産業のダイエー労働組合の行動は広く注視の的になっていると思われます。よりよい労使関係の確立と近代化によって、明るい職場とよりよい人間関係に基づく経営の民主化と、広く消費者から理解を指示と得る労働運動を行い、ダイエーで働くすべての労働者が健康にして文化的な生活が保障されることを目標に今後の運動を力強くかつ、真の勇気をもって促進してゆきたいと念じております。
ここに委員長就任に当たり、その責務の重大性を認識すると共に、皆さまの暖かい友情とご支援を賜りますようお願いしてごあいさつにかえる次第でございます。

松吉らは、希望に燃えて労組を結成した。しかし、労働者や経営者の労組に対する労働者の無理解から考えれば、労組の活動は前途多難であった。

＊中内㓛　ダイエー創業者。日本の流通革命の最重要人物。日本チェーンストア協会初代会長。一九八八年に流通科学大学を開設した。

カリスマコンサルタント・渥美俊一の眼　―一九六〇年代―

労組の結成や活動に遭遇する前のダイエーの労働者をどのように描くことができるのでろうか。チェーンストア産業を育成し、その成長に不可欠だった経営コンサルタントで、絶大な力とカリスマ性をもっていた渥美俊一（＊）の眼を借りよう。

渥美俊一は元読売新聞記者であり、紙上で商業に関する啓蒙を続けていた。日本の商業の立ち遅れやそれに甘んじている国民の消費生活を見過ごすことはできないと判断し、一九五八年頃から全国の商店一〇〇〇超を取材した。一九六一年時点で一三〇〇人以上の経営者にインタビューを敢行した。その間に小売業のチェーンストア志向を受けて、商業界のセミナー講師をつとめたり、本の出版、専門誌の企業診断に乗り出し、個人的助言などを継続してきた。

従来の小売企業の支店経営と直営チェーンが異質であることを強調し、チェーンストアの長期経営計画と組織管理とビジョンを熱く語り、商人の目標とされていた繁盛店の没落を宣言した渥美は、アジテーター（扇動者）であった。そんな渥美の個人的助言先にはダイエーも含まれていた。ダイエーは一九六一年には売上五〇億円を突破して、百貨店だけのビッグストアの一角に食い込んだ。

渥美は、一九六二年一月に商業界で第一回のスーパーマーケット学校を開催して独自に定式化したチェーンストア理論を発表した後、同四月になると、三〇代半ばの一三社一八人の経営者とともに、箱根小涌園ホテルで第一回青年経営者セミナーを開催した。この時点でダイエーは売上一〇〇億円を突破していた。

ダイエー、オカダヤ（後ジャスコ、イオン）、イトーヨーカ堂、フタギ（ニチイ、マイカル）、ほていや（ユニー）、イズミヤ、長崎屋、西友ストア（西友）、神戸灘生協（コープこうべ）など集まったメンバーは漏れなく後に日本を代表するビッグストアに成長した。この会合こそが渥美が主催するペガサスクラブ誕生の時であり、流通革命の決意の点火式であった。

ペガサスクラブは、メンバー全社が一〇年以内に売上一〇〇億円、二〇年以内に一〇〇〇億円を突破するという野望をいだいた革命の結社であった。なお、ペガサスクラブ事務局であった渥美研究室は、一九六三年一〇月、日本リテイリングセンターとして発足した。

「定価破壊者」の悪名を被せられ、メーカーだけでなく、特に地方百貨店や商店から目の敵にされたペガサスクラブ会員企業は、一九六五年頃から一定の実力を認められてきたものの、課題は山積していた。最大の課題は、実は人材対策であった。渥美は言う。

「人の問題が組織をつくりあげるための構成要員として不可欠であることはいうまでもありません。しかし経済的実力がない限り、いかに教育環境を整えても質のよい人材候補は集められません。昭和四〇年代前半こそは、ようやくチェーン化グループのめざましい成長性と、物価引き下げへの貢献性が一部で認められはじめた時期なのです。

そこで、そのような傾向に先手を打って、私たちは各流通企業に大学新卒の大量採用と他業界からの活発なスカウトを徹底的に強調しました。そのためのノウハウも、相当こまかく普及させたつもりです。」

一九六〇年の時点では、大卒者を採用することなど考えられない状態であったという。だが大卒採用に舵を切って、各企業に一〇〇人以上の大卒が集まり、また少なくとも毎月一人の中堅人材がスカウトされたのである。なお、渥美は企業合併を積極的に推奨し続けた点でも異色である。チェーンストア創成期で見出せる数々の合併は渥美の影響が大きい。合併はもちろん企業規模の拡大策であるが、一方で究極の人材スカウト策でもあった。

改めて見出せることは、日本のチェーンストアは産業自体が存在しなかった。新しく誕生させた、その存在を支えて成長させるための要員こそが当時の労働者たちの姿であった。大卒採用であれ、中途採用でさえも、チェーンストア産業で働くのは初めてである。全員が初心者であるが、単なる初心者ではない。他にその仕事についていた者はいない。ジョブ型労働者ではあり得ない。しかし、ジョブ型労働者へと導く道はあったはずである。

*渥美俊一　流通産業界に君臨したカリスマコンサルタント。一九六二年にペガサスクラブ、一九六三年に日本リテイリングセンターを設立。

スペシャリストの教育訓練

渥美俊一は、一九六五年以降の大卒と中堅が入り乱れた大量の人材をどのように教育しようとしていたのか。

「入社前から教育カリキュラムに乗せる作戦も並行して展開されました。私たちはベーシックな体系として、チェーンストア経営、組織管理、EDP（電子データ処理）、マテリアル・ハンドリング、フィジカル・ディストリビューションなどの一般的体系を整えるとともに、チェーンストア経営を支える各種のスペシャリストごとの育成コースを、一〇通り以上も開発したのです。」

「入社試験制度、職能資格制度、資格試験制度、新人社員訓練テキスト、チェーンストア用語の確定と出版など、一連の付帯コンサルティング・システムを軌道に乗せました。アメリカなみのスペシャリスト養成システムや、人材の産業間移動が日本の一般的傾向となる前に、ペガサスクラブではそれが一般化されていたのです。」

渥美が語る内容には、見逃せない点がある。第一に、スペシャリスト志向であり、しかも、アメリカなみのスペシャリスト育成を狙っていた。第二、採用時はスペシャリスト適任者の選考や、仕事を明確に意識した技量の判定などのための手段を講じていた。第三、人材の産業間移動を目的とした教育、つまり他産業からチェーンストアへ移動させるための教育を構想していた。これらはいわゆるジョブ型雇用の志向が強いと言える。

しかし、その渥美が意外なことも語っている。その育成候補者には一人あたり年間三〇万円から五〇万円といった高額の教育支出を行い、頻繁に大幅な組織変更を強行し、人の入れ替えを活発に推進した。こうした人材への投資が実り始めたのは一九七二年以降であり、早期の人材対策があったからこそ、人材の層の厚さが勝敗を決めたという。

渥美の言うスペシャリストを言葉どおりに受け取るわけにはいかない。人材投資の目的は幹部人材の育成であり、そこに至るまでに各種スペシャリストの仕事を習得していることが必要とされた。新入社員の目標は、それぞれの仕事を極めるのではない。それぞれの仕事をこなし、幹部人材になることである。

それでもなお、幹部人材になる途中で他社に移ったり、幹部人材としてスカウトされる道は残されていたはずである。実際に初期にはチェーンストア企業間の移動やスカウトは少数ではなかった。だが、現実にはジョブ型労働者はごくわずかになった。なぜか。

渥美俊一を追い過ぎた。話をダイエー労組結成時に戻そう。

「五か年ビジョン」

松吉英男が中心になって結成したダイエー労組の初期活動の中に、当時の企業別組合の態勢や労働者の姿を見つけることができる。ダイエー労組は、一九六五年に結成され、さっそく初めての夏季一時金交渉で成功した。

一時金要求は、二・五か月であった。会社側の回答は前年を上回る二・〇四か月であり、これまでなら通告されて受け入れるしかなかった。だが、これを不満とする労組が労使交渉を重ね、三〇〇〇円の上積みを獲得した。組合員たちはこの成果に沸いた。

労働者が労組の力を実感しはじめたこのタイミングで、それ以降の賃金や労働時間の改善の方向性を検討して要求項目としてまとめた。これがダイエー労組の「五か年ビジョン」である。

その主な内容は、賃金関係の明示、労働時間短縮、福利厚生の充実などだが、賃金制度には見るべきものがある。賃金関係の明示という言葉自体から労働者の悩みをくみ取ることができるが、さらに分け入ると、賃金体系の樹立、業界最高の賃金水準、男女の同一賃金、日給月給制の廃止、諸手当の基本給への組み入れ、年間五か月分の一時金などとなっている。

労組結成時のダイエーの基本給は、学歴別に運用される毎年一定額が上昇していく年功賃金であった。しかし、そこに上司の評価が大きく入り込み、また諸手当が未整備で、賃金制度と呼べるものではなかったのである。

労働時間についての要求項目は、主として、週休二日制の実施による労働時間短縮であった。年中無休であったダイエーにとって至上命題であったことであろう。早急に研究を始め、導入実験を経て、他社に先駆けて週休二日制を導入すべきとされた。福利厚生では、健康保険組合、厚生年金基金、共済組合の設置を要求した。

業界最高の賃金水準にせよ、週休二日制の導入にせよ、流通革命の旗手として日本一の売上を誇るダイエーで、劣後した労働条件は許されないとの決意があるのはもちろんである。他方、これから伸びゆく産業の労働条件水準を決するという期待に応えようとする意図があったと思われる。ただし、今になって考えれば、ダイエーの賃金制度の形が業界に与える影響には無自覚であったかもしれない。

賃金制度の改定で職能給へ

ダイエー労組は「五か年ビジョン」に基づいて、さっそく労使で「賃金研究会」を立ち上げた。労使協議を進めるための研究を進めながら、賃金制度改定に着手したのである。この研究会の議論にこそ注目しなければならない。

松吉英男によると、当初は賃金管理研究所の弥富賢之（*）による職務の視点が入った賃金制度を研究していた。ダイエーの学歴別の職能給がもたらす問題点の解消が出発点であり、職務給を視野に入れようとしたからである。ただし、いわゆる弥富式の基本給は、職位を決定する際には職務等級を用いるが、実態は職位別の職能給である。職務給の応用であってもそのものではない。

松吉は、本当は同一労働同一賃金の職務給がよかった、と証言する。多くが大学に進学するようになり、学歴別賃金は意味をなさなくなり、仕事ができる者の職位が上がり賃金も上がる方式がよいということになる。

だがこの言明が物語るように、仕事ができるかできないという場合、各労働者が別々の仕事をこなす姿のスナップショットではなく、一人の労働者が別々の仕事ができるように能力が上がっていくという動画を見ているような前提がある。

また、そう期待され、実態としてそうなっている。大量の人材が採用され、店舗に投入される。上達を求められながらさまざまな仕事をこなし、次々に転勤していく。それを評価してもらいたい。それなのに年功賃金では割に合わない。こういう能力主義が顔を出す意識が労働者たちに芽生えている。それを知る労使に共通する根底の認識としては、明らかに、賃金の基準は仕事ではなく人が志向されていた。

ダイエー労使は、まるで導かれるように、楠田丘（＊）の年齢給と職能資格制度による職能給を組み合わせる賃金制度へ研究の重点を移していった。弥富式と楠田式を比較検討した末に、不条理な評価を排除する工夫をしながら、原則的に楠田式を選択したのである。つまり、査定は排除されなかった。

ただし、ダイエー労組は、年齢別最低賃金を決定したうえで、仕事内容と賃金の関連を具体化すると表明している。だが、仕事を意識した賃金への接近を目標としているにとどまり、等級昇給を明確化するなかで職能資格制度に吸収されていく。一九六七年に新賃金制度が導入され、従来の賃金制度の改善を五か年ビジョンの中心に据えていたダイエー労組は、職能給への分岐を終

図表 1-1　1970年代までの全ダイエー労組の組合員数、賃上げ、一時金の推移

年度	組合員数（人）	賃上げ妥結結果				一時金
		全ダイエー労組		ゼンセン同盟流通部会小売組合（参考）		
		賃上げ額（円）	賃上げ率（%）	賃上げ額（円）	賃上げ率（%）	
1966	2120	不明	11.2	-	-	4.35か月＋3000円
1967	2740	不明	13.0	-	-	4.7か月
1968	3520	3700	17.0	-	-	4.9か月
1969	4450	6510	27.4	-	-	4.1か月
1970	5500	10128	32.6	8853	26.2	4.1か月＋7000円
1971	8400	12531	32.6	10590	24.8	5.0か月
1972	11430	12000	25.6	10140	21.7	4.2か月
1973	13220	16500	29.0	14293	24.3	4.8か月
1974	19540	27800	39.7	22105	33.2	5.15か月
1975	20580	27171	29.7	16084	18.5	4.8か月
1976	19400	12622	10.6	11209	11.9	5.0か月
1977	18200	14584	11.2	11270	11.0	5.0か月
1978	18800	11353	8.0	8002	7.2	5.0か月
1979	18800	9771	6.5	7801	6.7	5.0か月
1980	16187	12500	8.0	9355	7.6	5.0か月

（注）ゼンセン同盟流通部会の創設は1970年であり、1960年代のデータは存在しない。
（資料）全ダイエー労働組合「30年周年記念誌　はぐるまの導術」1994年、ゼンセン同盟『流通部会10年史』1981年より作成。

えた。

当時日本で職務給の導入を図る動きがあり、それが視野に入っていた。だが結局、同調しなかった。もちろん、この選択は、定期昇給の他にベースアップの原資総額を獲得しようとする労組の様式と合致する。他労組を含め、日本の企業別組合の労働運動と相容れるものであった。労働者は、毎年昇給し、その額が増えていくことに期待を寄せた。

ダイエー労組は、一九六六年に一一・二％、一九六七年に一九・九％の賃上げに成功した。一九六八年には二七・九％の賃上げ、初任給二一・四％プラス五〇〇〇円の引き上げ、一時金年間五か月（五か年ビジョン達成）を獲得した。これらの成果により賃上げ額をいかに大きくするかに注力する労組として大きな支持を集めた。

弾みをつけたダイエー労組は、一九六九年に、改めて「長期賃金五か年計画」を編成し、その裏付けと考える生産性問題に取り組む労使の生産性向上委員会の設置を要求して実現し、一九七三年時点の賃金の倍増を狙った。労使の賃金研究会で検討した後に労使協議会で協議に進む手法は堅持しながら、ますます賃金を優先的に獲得することに傾注した。これ以後、ダイエーは高賃金を獲得しながら、チェーンストア業界の賃上げを先導するようになった（**図表1-1**）。

＊弥富賢之　人事院、民間企業を経て賃金管理研究所を設立。仕事と能力に基づく賃金を提唱した。

＊楠田丘　労働省、経済企画庁などを経て日本賃金センターへ。評価制度を重視した職能資格制度を提唱した。

労働時間の短縮

一方、「五か年ビジョン」で目標とされていた週休二日制の導入は、それほど簡単ではなかった。しかし会社と同様に首位志向の旺盛なダイエー労組は、業界で最初に導入に漕ぎつけた。

当時、顧客への奉仕を謳うダイエーは年中無休営業を続けており、労働者が一週間に二日休むなどというのは至難の業であった。それでもダイエー労組は、一九七一年に週休二日制を確立することを決めた。一九六二年にＩＬＯで採択された一週四〇時間労働による労働時間の短縮に関する勧告（第一一六号）が念頭にあった。

「五か年ビジョン」に沿って、賃金の場合と同様に、労使で労働時間短縮委員会を発足させたが、国民の祝祭日を休日日数に充当する取り組み以外は、当初は足踏み状態であり、時短の地ならしを続けていた。

最初に着手したのは、組合員教育であった。残業の削減が時短に直結することを主張し、現場に下ろしていく。はなはだしい長時間労働を続ける組合員を制止した。難しいのは、残業があると時間外手当が支給され収入が増えるとの考え方が、若者たちに受け入れられがちであることであった。だが、果てしない長時間労働を続けるダイエーでは、時短が賃金引上げになりうる、との考え方には説得力があった。

時短対策を軌道に乗せたダイエー労組は、一九六八年頃から、二の矢、三の矢を放つようになった。有給休暇の取得が皆勤手当に反映されないよう変更した上で、有休消化の教宣を強化した。年末の長時間営業に代替する早帰りを強化したり、女性組合員に一週間一回の一七時帰宅を課した。労働者不足の職場を洗い出し、会社に標準人員の設定確認と維持を要求し、対策を問いただす。一方で、一部のストアで隔週休二日制の実験をはじめた。

ダイエー労組は百貨店業界と異なり、スーパーで営業時間の拡大を止めるのは不可能で、営業時間と労働時間を連動させて時短を進めるのではなく、むしろ両者を明確に分けるべきと考えていた。ダイエー労組の言葉を借りれば、営業権と労働権の分離である。

営業時間の拡大に異を唱えないのは、パイの増大による配分の拡大を狙っているからで、一人当たりの労働時間は減らしても営業時間は拡大すべきというのである。この考え方は、百貨店の労働運動とは異なっていた。それは一九六五年に発足していたDILA（ディラ、全国百貨店労働組合海外事情研究協議会）（＊）の取り組みに目を転じてみればわかる。DILAは解散し、一九六九年に産業別組合志向が強い加盟労組だけで日本商業労働組合連合会（商業労連）（＊）を結成した。

DILAは営業時間短縮をめざし、とりわけ閉店時間の延長反対にこだわった。営業時間の拡大が労働者の労働時間を増やし、小売業労働者の労働条件を引き下げることになると判断し、営業時間を抑え込もうというのである。また、全国各地の地方百貨店が疑似百貨店のようなチェーンストアに売上を奪われはじめたことも問題視し、チェーンストア規制を視野に入れていたと思われる。

ダイエー労組はこうしたDILAの動きに猛反発し、陰に日向に対立していた。やがて双方が省庁や政党など各方面の陳情に躍起になり、その場で鉢合わせすることがあった。ダイエー労組は、所属する全日本労働総同盟（同盟）（＊）との関係から民社党を通して、営業時間の短縮阻止を狙っていた。

ヨーロッパの商店の土曜日曜休業を視野に入れた短時間営業で優雅な商売を続けようとする百貨店と、年中無休営業の価格破壊で国民に奉仕して猛追するチェーンストアという小売業態の新旧の雄の対決という見方もできる。チェーンストアの成長に生涯を賭けた前出の渥美俊一は、「百貨店は眠れるブタ」との言葉を放っていた。

その過程でダイエー労組は、チェーンストア業界に先駆けて、一九六九年に隔週休二日制の導入に成功し、一九七〇年代に週休二日制を確立した。だが、制度と実態は同一ではない。年中無休の残業だらけ、であった。もちろん、未組織企業の労働者はダイエーより低賃金、長時間労働の劣悪な状態で時間外手当すら払われない。

しかしながら、結果だけを言えば、ダイエー労使は労働時間の短縮について賃金ほど敏感ではない。会社側は労働時間に積極的に取り組まず、労働者はそれを受け入れがちであった。

ダイエー労組副委員長であった堀場勝英は、一九七〇年の週休二日制の導入についてこう回想している。

「私たちの時の最大の課題は週休二日制と定休制の獲得でした。営業時間はほとんどの店が夜八時閉店だった上に、残業も非常に多かったため、オルグに回るのがいつも九時過ぎという状態でした。当然ながらいつも帰宅は午前様、新婚早々の家内も知らない土地でずいぶんとさびしかったようです。

そんな訳で、週休二日制が同業他社に比べ比較的早い時期に導入できた時の感激、満足感は大きなものがありました。ところが、会社は、当時定休制についてはガンとして譲りませんでした。」

労組専従役員の長時間労働というおまけまでついているが、週休二日制の導入が必ずしも時短にならないことを暗示するのに十分である。小さな点のようだが、労使が実質的に賃金については直接的に考え、労組は賃上げにまい進するのに、労働時間については間接的に考え、労組は弥縫策に陥っているように見える。この構図の背後にある労働者の意図や行動はいかなるものか。

本書は、こうした点を念頭に置きながら、チェーンストアの例を取り上げていく。一九六五年に労組が結成されたダイエーの例から、一九六〇年代の状況を見極めるための糸口をつかもうとしたのであるが、実はそれ以前や直後に労組が結成された一群のチェーンストアがある。これらの労組の結成に着目して労働者の原風景に立ったところで、本章を終えたい。

＊DILA（全国百貨店労働組合海外事情研究協議会）　全百連（後述）の崩壊後、産業別組合ではなく研究団体として百貨店労組が結集した団体で一九六五年に発足した。

＊日本商業労働組合連合会（商業労連）　全百連の後遺症を乗り超えて産業別組合を求めたDILAの加盟労組が結束し、加盟労組を百貨店だけでなくチェーンストアにも広げた。

＊全日本労働総同盟（同盟）　右派労組が結集し、民社党の支持母体となったナショナルセンター（労組の全国組織）で、一九六五年に結成された。

東急ストア労組の結成

東急ストア労組をはじめ、一九五〇年代以降に誕生した労組の結成過程に立ち戻ってみよう。これらの労組に所属する労働者の状態は、第二章で描写するメンバーシップ型雇用の形成過程の前提となるから、その内容の一部を先取りすることになる。

一九五六年、東急電鉄が東横百貨店の子会社として東横興行を設立し、武蔵小杉に食品販売の店舗を出店するとともに、渋谷に建設したばかりの東急文化会館の中に、結婚式場のゴールデンホールと文化地下食堂を設置した。一九五七年に他社店舗を買収し、東横興行を略した「東興ストア」として五反田店、大森店、高円寺店の営業を始め、新たに目黒店、駕篭町店、渋谷店を開店した。

東横興行は、五島慶太（＊）が「百貨店法」対策のために東急百貨店に代わる別動隊としてスーパーマーケットを運営せよ、と指令して生まれた会社であった。東興ストアは、セルフサービスを開始した先進的な店舗の開発と展開に乗り出して東光ストアへ社名変更し、さらに現在の東急ストアとなった。このため、以下では東急ストア労組と呼ぶ。

東急ストア労組は、東横興行だった時期に早くも結成された。東横興行の職場には、東横百貨店からの出向者が多く、しかも東横百貨店労組の役員経験者が含まれていたから、組合規約の作成や結成大会の準備など組合づくりの実務は円滑に進んだ。また、東横百貨店労組があったから、経営者には抵抗感がなかったことも、非常に有利に作用した。東横百貨店労組の役員経験者たちは、出向先である東横興行の労働条件が不明朗だと察知するやいなや、着々と準備を進めたのである。

一九五六年一二月、会社の設立から三か月を待たずして、東急文化会館の文化地下食堂で結成大会が開催され、東横興行労組（委員長福富正一、書記長中田彰二）が誕生した。組合事務所は東急文化会館内に設置された。当時、紀ノ国屋が青山に一店舗のみを営業していたのであるから、チェーンストア労組の結成は非常に珍しかった。例外は次に取り上げる月賦販売店の丸井労組であり、先行して結成されていた。

東急ストア労組は、迅速に労働協約に着手し、団体交渉を重ねて、当初は紛糾しがちとなったユニオンショップ協定、就業条件、平和条項などの扱いを次第に収束させ、一九五七年一〇月、結成一年足らずで労働協約の締結を実現した。

*五島慶太　農商務省勤務を経て、武蔵野鉄道（現東急東横線）の経営者に転じた後、競合企業を買収する手法で東急グループを拡大した。

丸井労組

丸井労組の結成は東急ストア労組より二年早く、現存するチェーンストア労組では最古と思われる。丸井を百貨店と誤解する向きがあるが、実体は月賦販売店チェーンであり、百貨店協会に加盟していない。

「赤いカード」でクレジットを普及させ、「駅のそば」に店舗を展開してファッション分野の雄として躍進した丸井は、一九五〇年代は月賦店、もしくは割賦店とよばれていた。月賦店はもともと愛媛県発祥のビジネスであり、伊予の国の「椀船」が起源である。国替えであぶれた武士が椀などの漆器をつくり、船で方々へ持ち込んで寺などに集めた農民たちに掛売で販売し、代金は収穫期の後に回収した。

このため、月賦販売店の創業者は愛媛県出身が多く、草分けは今治の呉服店の丸善であり、のれん分けが進んだ結果、丸愛、丸大、丸越など「丸」がつく月賦販売店が多い。ただし、丸井はそれらとは関係なく、富山県高岡市出身の社長青井忠治が、地元の薬の掛売り商法にヒントをえて、上京して月賦販売店で修業した後に創業した。

一九五四年、丸井従業員組合（丸井従組）が結成された。現在の丸井労組の前身であり、以下では丸井労組と呼ぶ。一九五四年といえば、日本製鋼所室蘭製作所争議、尼崎製鋼所争議、近江絹糸争議の三大争議が発生した年である。

丸井をはじめ月賦販売店では店頭販売とは異なり、集金員が同行もしくは配送時に自宅確認した後に商品を引き渡し、残金回収の書類を作成したり、次回以降の集金を継続する。このため、集金人の労働負荷は大きく長時間労働であった。丸井が成長し始めると、集金人の就労環境はさらに悪化し、また家族経営的なマネジメントで雇用は不安定であるため、職場には大きな不満が膨らんできた。

そこで、人事係長が新宿労政事務所へ相談したのが契機となり、労組結成の助言と指導を受け、そのまま結成準備委員長になって着々と準備を進めた。役職上、各店舗に顔が利くことを利用し、「近江絹糸の人たちもたたかっているのだから、自分たちも組合を作って立ち上がろう。」と係長クラスを説得して回った。その輪を広げて円滑に加入届を集め、一九五四年一一月に四〇人で総会を開いて丸井労組を結成した。また、一九五五年二月には二〇〇人で第一回定期大会を開催した。

ところが、ここから一転して苦難が始まった。労組の結成に激怒した社長の青井忠治（*）は解散を迫った。この事態に直面した委員長が早々に組合を脱退し、副委員長は休職、書記長は出向者となり、混乱状態に陥った。その後、労組の解散もしくは存続を問う大会が開催されたが、投票で解散原案が否決されたことで組合脱退の勧奨が強要に変わり、ますます混迷を深めた。丸井労組は組合員がわずか約二〇人で執行部は不在という有名無実の労組となった。

しかし、一九五六年六月、事態を打開しようと一七人の組合員が社員寮の一室に集まって臨時大会を開催し、第二代委員長を選出した。こうして青井忠治へ解雇者の復帰などを要求したところ、再び青井忠治が激昂し、委員長を解雇して予告手当を手渡した。このため、絶対に労組を認めようとしない経営者に対抗する方法を模索した組合員たちは自力での解決を断念して、上部組合からの支援を得る決断をした。

一九五五年に日本労働組合総同盟（総同盟）（＊）に加入し、組合敵視政策のなかでストライキを敢行した後、その決着に不満を高めた結果、上部組合変更問題が持ち上がった。新たな上部組合の候補は百貨店の産業別組合であるものの、先鋭的な活動で鳴らし、三越争議や岩田屋争議で悪名高い全国百貨店労働組合連合会（全百連）（＊）であったため、加盟賛成派と反対派が激しく衝突した。

しかし、丸井労組は最終的に一九五九年に全百連に加入し、以後二度のストライキを打つなど、泥沼にはまっていった。また、労組内部が、左傾化を歓迎する闘争優先路線を強行派とその回避派が分かれて対立を続けた。

＊青井忠治　月賦販売店の丸二商会で修行した後に、同社の中野店を譲り受けて一九三二年に丸井を創業した。月賦をクレジットと言い換えて営業した。

＊日本労働組合総同盟（総同盟）　戦前にキリスト教社会主義の労働団体が改編されて発足していたナショナルセンターで、一九四六年にその後身組織として結成された。

＊全日本百貨店労働組合連合会（全百連）　百貨店の産業別組合。左傾化し先鋭的な労働運動に突入して

いったため、加盟労組の脱退が相次ぎ、一九六二年に崩壊した。

ユニード労組

九州地方のチェーンストアの雄であるユニードの起源は、一八九五年に創業した渕上百貨店である。地元密着の営業を続けていた渕上百貨店は、一九五八年に渕上百貨店がスーパー業態の出店に乗り出し、渕上百貨店のある福岡市の西新と、久留米市、小倉市の三か所に丸栄という名の店舗を開店した。以後急速で大規模なチェーン展開を開始し、一九七〇年にはユニードに改称した。九州の有力チェーンとなったユニードは、一九八一年に九州ダイエーと合併し、業界の注目を集めた。

渕上百貨店が丸栄を出店した最大の理由は、先鋭的な活動で鳴らす全百連の左翼活動の手が渕上百貨店に伸びてきたことへの対策であった。一九五七年に渕上労働組合（渕上労組）が結成されていたが、解雇事件が発生して争議となり、全百連が渕上労組へ介入してきたのである。結局、先鋭的な活動の末に解雇撤回となったが、渕上労組は分裂してしまった。その余勢を駆って全百連の勢力が拡大しはじめた。

ここで渕上百貨店社長の渕上栄一（＊）が百貨店に見切りをつけ、廃業を視野に入れてスーパーの経営を開始した。だが、争議で分裂した片方の渕上従業員組合（渕上従組）から、左翼指導者による階級闘争を主眼とする労働運動を忌避した勢力が集まり、一九六二年五月に四支部（渕上本店と丸栄三店舗）の約五五〇人で渕栄労働組合（渕栄労組、委員長森山隆史、書記長野元徳一）が結成された。渕栄労組は、後に社名変更により、全ユニード労組と改称した。以下、ユニード労組と呼ぶ。

ユニード労組の結成では、同じ九州地区で全百連に荒らされた苦い経験をもつ岩田屋労組が乗り出し、支援を惜しまなかった。渕上と丸栄を合せた渕栄労組の名称も岩田屋労組の助言により命名されたものである。これで渕上本店には分裂した二つの労組が併存し、組合員を奪い合うことになった。

＊渕上栄一　戦前に家業であった渕上商店を一九五〇年に渕上呉服店として復活させ、社長に就任した。一九五三年に渕上の店名で百貨店に転換。一九五八年に丸栄を設立し、スーパー業態に進出。

十字屋労組

十字屋の創業は一九二三年に山藤捷七（＊）が開いた呉服店にさかのぼる。戦前に店を大きくしていたが、戦後は協同組合方式を採用し、衣料チェーンストアの先駆者として発展を遂げた。一九五一年、十字屋協同組合を発足させて共同仕入れを開始し、ボランタリーチェーンを展開した。ところが、一九五四年に山藤捷七が病死したため、一九五五年に二四店舗まで増えていた各チェーン店が対等合併する形で株式会社へ統合した。

社名から容易に想像がつくように、十字屋はキリスト教信仰が厚い山藤捷七が顧客に奉仕するために開業し、正義と愛のシンボルである十字架から屋号をとった企業である。没後に残されたクリスチャンの店主一同は、山藤捷七の偉業を完成させる責任感から団結し、協同組合を解散して一本化した。十字屋は社内に行き渡っていた亡き社長の奉仕の精神に基づいて極端な低価格路線をとったため、顧客の支持を集めて商品回転率が上昇し急成長を遂げた。また一九六〇年代にはチェーンストアとともに徐々に百貨店業態の店舗を展開するようになった。

一九六三年八月、十字屋本社の荷受部門と仕入部門の一部の労働者が、東京全労（*）の指導を得て十字屋本社労働組合を結成し、要求書を会社側へ提出して団体交渉を申し入れた。要求の内容は、大幅な賃上げ、決算賞与の配分、聖書を研究する「聖書集会」への強制参加拒否などで、これらを受け入れなければストライキに入る旨が記されていた。

決算賞与は店長の裁量による部分があるため店舗ごとに差があり、労働者は不満を感じていたり、またキリスト教以外の労働者が信仰の自由を主張したのは事実だが、ストライキを背景にするのは唐突であった。

突然に労組ができて上部組合も出現し、過大な賃上げなどを要求された会社側はうろたえ、大争議が発生するのではないかと危険を感じた。苦悩する会社側がたどり着いた十字屋本社労組への対抗策は、委員長の解雇と第二組合の結成であった。しかし、委員長へ解雇を通告したところで、経過を熟視していた有志たちが乗り出してきた。

同期入社で有望視されていた若者が集まり、会社側の第二組合立ち上げの意向を聞いて、第二組合の出現で労組がますます先鋭化し、労組の分裂が労使関係を複雑にする危惧があるとして反対した。解決策は、第二組合の結成ではなく、第一組合の内側からの体質改善とされた。

十字屋労組は、本社労組がまだ正式加盟していなかった東京全労に出向き、十字屋本社労組の改革意図を説明し、支援協力を要請した。東京全労は委員長の飛び込み相談を受けて緊急事態として支援に乗り出した。また労組は、会社側へ労組敵視対策や全店オルグ妨害行為の自粛、全労支援活動の容認、委員長の懲戒解雇の取り扱い、労組活動による有休取得などを要求した。

十字屋はもともとボランタリーチェーンであり、各店の独立色が濃く、労組支部結成の困難が予測された。このため、店長などの管理職に対する人間関係の形成や説明などは十字屋労組の有志、労組支部の結成や組合員の加入など、実務の指導や活動は東京全労のオルグ、といった分担体制を組んで労組の体質改善活動を開始し、当初目標を労働者の三分の二以上の組織化とした。

この後、一九六四年八月には三八店舗のうち三二店舗で支部を結成した。一九六六年一〇月、執行部の交代を機に解雇を通告されていた前委員長は会社側との話し合いの末に和解し、円満退職となった。こうして十字屋労組は、全店の労働者の組織化を完了し、ユニオンショップ協定を締結した。

＊山藤捷七　十字屋の創始者。キリスト教の信条を重視した顧客に奉仕する姿勢により、利益を削減して経営を拡大した。
＊東京全労　同盟（前述）の前身組織である全労会議（全日本労働組合会議）の東京を管轄する地域本部。

ユニー労組

中部地方を基盤とする有力チェーンストアのユニーは、同地方第一位のほていやと第二位の西川屋チェンの激しく競合するライバルのチェーンストアが合併して誕生した。

ほていやは、一九二七年に古川政次郎（＊）と秀一の兄弟が横浜市で創業した古川呉服店であった。戦後はほていや呉服店に改称した店と名古屋市に開業した呉服店に分かれ、さらに、ほていや呉服店の創業メンバーが名古屋市の大須で四店舗を運営する分立経営に移行した。一九五〇年には横浜の店舗を含めすべて統合し、古川政次郎を社長に据えて、株式会社ほていやを設立した。その後は、静岡、岐阜、神奈川へのエリア拡大と、食品部門の運営開始により大きく成長した。

もう一つの西川屋チェンは、もともと一九一二年に西川長十（＊）が名古屋市中川区で開業した履物店であったが、一九二八年には西川呉服店へ転業し、呉服だけでなく洋品や雑貨も扱いながら営業を拡大した。一九四七年に名古屋市港区内に移転し、長男の西川義雄とともに営業を再開し、さらに一九五〇年に株式会社にした際に三男の西川俊男が参加した。新規出店や店舗拡張により拡大をはじめたが、一九五九年の伊勢湾台風によって店舗は大きな打撃を受けた。これ以後、チェーン志向を強めるとともに、衣料品を拡張し食品販売にも乗り出して成長した。さらに、名古屋市内だけでなく小牧市、犬山市、半田市など愛知県内へのチェーン展開を本格化させ、一九六三年には西川屋チェンに改称した。

経営者の強力な売上絶対主義の下で急成長を遂げたほていいやは、一週間も帰宅できないなど就労環境が過酷で、労働者の不満は最高潮に達していた。小売業の他社で徐々に労組が結成されていたから、ほていいやの労働者たちも労組の結成を画策し、一九六八年一二月、ほていいや労働組合（ほていいや労組、委員長青島雅昭、書記長前田泰男）が結成された。ところが、労組の結成を急いだ若者たちの相談先は愛労評であった。総評系の階級闘争的な活動が懸念されたため、ほていいや労組の組合員は二六人にとどまった。

一方、不満があるにせよ、総評系労組や少数派労組を忌避したグループが発生し、同じく一九六八年一二月に全ほていいや社員組合（全ほていいや社組、委員長若林稔、書記長山田邦紀）が第二組合として結成された。全ほていいや社組は、全支部から約二〇人の結成賛同者を集めて暫定執行委員を決定し、全ほていいや社組は直後から精力的にオルグに入って一気に一八〇〇人以上の組合員をまとめた。

一九六九年一月には臨時組合大会を開催し、役員、規約、予算などを決定した。組合員はさらに約二六〇〇人に増えたところで、会社側へほていや労組の組合員の差別的待遇を行わないよう申し入れ、全ほていや社組への加入を促し、ほていや労組は活動を停止した。

西川屋チェンでも、労働組合の結成の動きがあったが、会社側が労組に否定的で厳しい監視を続けたため結成に至らなかった。しかし、一九六九年に株式会社ユニーが設立されると、立ち消えとなっていた労組結成の動きが活発になった。また、西川屋チェンの労働者にとっては、ほていやとの合併だけでなくマルサンや銀杏屋などの関係会社の合併があり、労働者集団としてまとまりたいとの意識が強く働いた。

西川屋チェンの労働者たちはこの好機を見逃さず、一気に組合の結成へ動き出した。全ほていや社組も精力的に結成を支援し、一九六九年一二月の結成準備大会を経て、一九七〇年一月に組合結成大会を開催し、約一三五〇人の全西川屋チェン社員組合（全西川屋チェン社組、委員長加藤大喜、書記長横江康秀）が誕生した。

会社の合併によって両組合の合同も容易に想像された。ところが、一九七〇年八月二一日と発表されていた両社の合併は、合併比率、業績、役員構成などをめぐって、暗礁に乗り上げて延期になった。延期というのは方便で、白紙撤回となる可能性が非常に高かった。

ここで合同へ動きはじめていた両労組はそれを停止しないことを決断した。一九七〇年五月に二回の合同会議を開催した後に「ＮＨ（西川屋・ほていや）協議会」に移行させて準備を進め、一九七〇年七月に労組結成準備委員会を発足させた。一九七〇年一〇月、愛知県勤労会館で結成大会を開催し、両組合が合同して全ユニー労働組合（委員長若林稔、書記長山田邦紀）が誕生した。以下では、ユニー労組と呼ぶ。副委員長はじめ他の役員は、旧両組合からたすき掛けで選任された。

＊古川政次郎　横浜市の古川呉服店の創始者。弟の秀一はのれん分けされて名古屋市に店を開設した。一九五〇年にこれらを母体として、ほていやを創業した。

＊西川長十　西川呉服店の創始者。その長男義雄と三男俊雄がチェーンストア志向を強めて、西川屋チェーンに転換した。

西友労組

一九四〇年に西武鉄道の前身武蔵野鉄道が菊屋デパートを買収して設立した武蔵野デパートが、一九四九年に西武百貨店へ改称した。一九五四年、西武百貨店に入社した堤清二（＊）は一九五五年に取締役店長に就任し、積極的な改革で成長軌道に乗せた。また、一九五六年にはスーパー部門を独立させて西武ストアを設立した。

西武ストアは西武グループの不動産事業や観光事業に付随するサービスを引き受けることを優

先し、チェーンストア志向はみられなかった。しかし一九六三年に経営不振で撤退させた西武百貨店ロサンゼルス店の巨額の損失と、池袋店の火災死亡事故の損害賠償で経営危機に瀕したことで転機が訪れる。

この多重危機で多額の借入金の処理に追われた堤清二の窮余の一策として、本格的なチェーンストアへ進出したのである。百貨店の経営者がその存在を脅かすチェーンストアを経営する、究極の「自己矛盾」といえる決断と行動であった。

一九六三年に東京都中野区江古田で改めて西友ストアを発足させ、西武ストアの赤字店舗を清算した後の一〇店舗を引き継ぐとともに、上野光平（＊）を支配人に据えた。百貨店とは完全に決別したセルフ販売実験店の高田馬場店の運営を経て、SSDDS（セルフサービス・ディスカウント・デパートメントストア）の業態開発と展開に努力した結果、西友ストアは急拡大しはじめ、「西のダイエー、東の西友」と呼ばれるほどになった。

西友ストアの労働者が組合を結成するのは、従業員数三〇〇〇人を超えた設立から五年後であった。一九六八年、総評系のオルグが西友ストアで組織化の動きをみせはじめた。それを察知した会社側は、やや動揺したものの特段の対策をとるわけではなかった。他方で西友ストアの社内では創業期の膨大な仕事量をこなし、大みそかも新年になるまで働く若年労働者の不満が極度に高まり、労働条件の改善を求めるグループができつつあった。

若者たちは労組の結成を決心したが仲間が集まらず難航した。だが、めげずに勧誘を続けた。

まず同世代の労働者から賛同者が出てきて、一九六一年の第一期定期採用以来の労働者を加えたところで、「職場改善委員会」を舞台にして動き出した。

やがて労組が必要との意見を集約する形で、労組結成準備委員会が設置された。一九六八年九月、日本青年会館で開催した総会で西友ストア従業員組合（西友ストア従組）の結成と委員長就任を決定し、一週間後に江古田の本社の屋上で委員長の任命により役員を決めた。この西友ストア従組は、一九六九年三月に西友ストア労働組合（西友ストア労組）となり、一九六九年一一月からは西友ストアのみならず関連会社の労働者に組合員範囲を拡大した全西友労働組合（全西友労組）に移行した。以下、西友労組と呼ぶ。

労組結成後の運営では、西武百貨店労組からの助力はなく、会社に対する姿勢などで共感を覚えていた伊勢丹労組や丸井労組から惜しみない支援を受けた。

＊堤清二　西武グループ創業者の堤康次郎の子で、一九五四年に西武百貨店入社した。西友の経営に乗り出した後、セゾングループの総帥となった。小説家、詩人（筆名辻井喬）。

＊上野光平　堤清二にスカウトされ西武百貨店に入社。一九五四年に設立された西友の事実上の創業者と言われている。

長崎屋労組

長崎屋創始者の岩田孝八（＊）は、一九四六年に復員して平塚市にかき氷店の「オアシス」を開店した。新たに投入したアイスキャンデーと二本柱でヒットさせ繁盛店に育てると、小間物を販売する売場を併設した。これも好調とみると、ふとん店と衣料店の長崎屋を出店しはじめた。一九五九年、当時の多くの小売業経営者と同様にアメリカ小売業視察に出て帰国すると、強力なチェーンストア経営志向をもち、東日本橋に移転させた本社に仕入部を新設し、チェーン機能を拡充した。試行錯誤を経て、大卒の大量採用に踏み切り、一九六〇年代後半からは大量出店を開始して衣料品のナショナルチェーンの基礎を築いた。

長崎屋は非常にユニークなチェーンストアとして知られている。第一に、社長の岩田孝八は高賃金論者であり、高い賃金を支払わずして良質な人材は集められない、という持論を展開する点で異色であった。「高賃金、高生産性の原則」で、労働組合が結成される前に「給料は他社の三割増」の目標を掲げていた。第二に、労組を否定することなく、むしろチェーンストアとして飛躍的な成長を遂げるために、株式上場と並んで、労組が不可欠な条件であると公言していた。新しい時代の新しい業態を追及するあまり、労組に対するマイナスの固定観念を消し去っていたのである。

一九六九年、長崎屋の労務部長が、主に採用難対策や労務問題について相談したい、と全繊同盟を訪問した。全繊同盟が猛然とチェーンストア組織化に乗り出した矢先の珍事であった。社長の岩田孝八の指示で出向いた民社党から紹介されたのである。なお、岩田孝八の義弟で専務の岩田栄一も強力な組合有用論者であった。労務部長は、長時間にわたり、これから急成長が見込まれるチェーンストアでは労務問題が重要課題になるとして、健全な労組があることのメリットなどを助言された。腑に落ちた労務部長が帰社して経営陣に正しく報告したことで、労組の結成が実現に向かいはじめた。こうした組織風土の中で、各職場の人望が高い若きリーダーたちが全繊会館に集まるまでに長い時間は費やされなかった。

有志たちは全繊同盟に通い労組の実務を学ぶかたわらで、社内で労組結成の仲間探しを開始し、信頼できる人物と目星をつけた数人に会い話を持ち掛けたが難航した。それでも、粘り強く進め、結成準備委員会を発足させた。ところが、長崎屋本部組合の結成大会を開催する目鼻がつき、約三〇人が記名する連判状形式の労組結成通知書を会社側へ出す段階に進むと、メンバーが通知前日に抹消を申し出たのである。そこで、委員長と書記長の候補者による二人だけの署名へ変えて結成通知を手交した。

一九六九年九月八日、長崎屋本社五階ホールで長崎屋労組（委員長川野正男、書記長木賀完二）が結成された。この段階では長崎屋本部労組であり、直後から店舗を巡回して支部結成を急ぎ、九月二五日の時点で二〇支部を結成した。この過程でユニオンショップ協定を締結し、本部結成半年後の一九七〇年五月には全五五支部の結成を終え、組合員数四〇〇〇人規模の長崎屋労組が完成した。

＊岩田孝八　家業の綿打ち工場を引き継ぎ、ふとん店への転換を経て長崎屋を開業し、全国チェーンに育て上げた。

全ジャスコ労組

一九六九年、岡田屋、フタギ、シロの三社の提携により、合併予定した本社機能の創設を先行させせてジャスコ（現イオン）が誕生した。主導したのは創業二〇〇年を誇る岡田屋（三重県四日市市）の若社長岡田卓也（＊）であり、フタギ（兵庫県姫路市）へ合併を持ちかけ、一方でシロ（大阪府吹田市）からの合流の打診を受け入れる形で関西のチェーンストアの大型合併が実現した。

ジャスコとは、社内公募により選考されたJapan United Stores Companyの頭文字JUSCOであり、日本でもっとも提携、買収、合併を頻繁に活用して成長する手法は「連邦経営」と呼ばれた。

しかし旧三社の合併は、シロの経営危機が発覚したことで、岡田屋とフタギが先行合併したものの、シロは子会社京阪ジャスコとして後の合併をめざすことを余儀なくされた。経営史上、ジャスコは大過なく離陸したとされているが、労使関係に関していえば、シロ問題を契機とした波乱に満ちた出発となった。

一九六九年といえば、全繊同盟（＊）がチェーンストア組織化へ猛然と舵を切ったところであり、ジャスコは関西圏最大の標的とされた。全繊同盟の支援もあり、急速に労働者の労働組合への関心が集まり、労組結成の機運が高まった。ところが、準備が進行するなかで予想外の事件が発生した。

一九六九年一〇月七日、ジャスコ社長岡田卓也は、ジャスコ労働組合（ジャスコ労組）三役の突然の訪問を受けた。ソファーにふんぞり返り足を高く組んだ傍若無人な態度を見せる若者たちから突然に労組の結成を通告され、全繊同盟が支援する労組ではない労組が眼前に現れて目を疑った。ジャスコの労働者の有志たちが労組結成の動きを見せはじめたことで、別の集団が先駆けて結成に漕ぎつけたのであった。この集団は、当初の計画どおりに合併が遂行されなかったことで不満を高めたシロの労働者たちであり、総評全国一般（＊）の指導を受けていた。

しかし、別の労組の誕生で社内が大きく揺れるなか、当初の結成有志たちは素早く動いて、翌日の一〇月八日には第二組合の全ジャスコ労働組合（全ジャスコ労組、委員長藤田友彦、書記長谷口洋）を結成した。

突然のジャスコ労組の出現を知った全繊同盟はただちにジャスコに駆け付け、結成予定を繰り上げて第二組合の結成を助けた。結成準備委員会が迅速に動き、結成大会に先立って、一九六九年一〇月八日に結成有志大会を開催し、約一六〇人で全ジャスコ労組を結成した。一〇月一四日に改めて正式に結成大会を開催して会社側へ結成通知書を出し、一〇月二九日には西九条此花会館で第一回臨時総会を開催して全繊同盟への加盟を決めた。

すると、早速ジャスコ労組執行部が、「われわれこそが正当な組合である」として全ジャスコ労組の即刻解散を要求してきた。経営危機によりひとまず京阪ジャスコとして切り離されたジャスコ労組の中心勢力であったシロの労働者たちには強力な不満が渦巻いていた。

また、大阪地区ではシロの店舗をダイエーが狙い撃ちしていたという情勢もあった。膝元の大阪で王者でなければ話にならない、と考えるダイエーは豊中、寝屋川、高槻などシロの出店エリアに集中的に出店しており、常に苦戦を強いられた労働者の感情が高揚した。ジャスコ労組の主力はシロの新人と入社二年目の若者たちであった。

結成当初は十数人であったジャスコ労組の若き組合員たちは、総評全国一般の指導を得て猛烈なオルグをはじめた。不眠不休の体力を背景に、多数の店舗を巡回し、連夜にわたる終業後の支部会の歌や踊りを混ぜて上げる気勢に、他の若者もなびいていく。急遽駆け付けた全繊同盟本部オルグが助勢を開始したとはいえ、目を見張る組織拡大に全ジャスコ労組は劣勢に立たされた。しかし、全繊同盟大阪府支部から多勢で乗り出してきた精鋭のオルグ団が終日各店舗に入り込み、全ジャスコ労組への加入活動を開始し、大規模なオルグによって加入届がみるみるうちに積み上がった。

一方、岡田卓也の実姉でジャスコ人事部長の小嶋千鶴子（＊）も積極的な説得活動に入り、各店舗の若者たちに会う機会をとらえては、真面目に働くことの大切さを忘れないでほしい、組合員になるならよく考えてほしい、自分と違う考え方の人たちに巻き込まれないでほしい、と粘り強く説得を続けた。また、不満が集中しがちなシロやフタギの社員寮の環境を全面的に見直し、食事のメニューを改めた。

全ジャスコ労組の組織拡大が急速に進み、ジャスコ労組と対等に対抗しはじめ、やがて上回った。この間には、全国一般の指令によりジャスコ労組が不当労働行為提訴に踏み切っている。ところが、小嶋がジャスコが陥った立場を堂々と主張し続けるのに対して、ジャスコ労組側は力を失ったように欠席を続け、提訴が取り下げられた格好となった。全国一般は、情勢を見極めるとジャスコ労組から撤退しはじめていたのである。

みるみるうちにジャスコ労組の勢力は縮減し、一九七〇年四月の入社式でのビラまきが最後の活動となり、五月には解散してしまった。振り返れば、ジャスコ労組は一年を待たずに消滅し、第二組合であった全ジャスコ労組が単独の労組に収まり、本格的な活動を開始した。

＊岡田卓也　三重県四日市の老舗呉服店岡田屋の七代目当主でイオングループ総帥。一九四六年、早稲田大学在学中に戦後の岡田屋を新たに創業した後、企業合併を繰り返し、ジャスコを経て、イオンへ拡大させた。

＊全繊同盟（全国繊維産業労働組合同盟）　一九四六年に結成された繊維産業の産業別組合。繊維産業の衰退に伴い、一九七〇年代以降は流通産業を皮切りに組織化対象を広げ、現在は日本最大規模のＵＡ

ゼンセンとなっている。

＊総評全国一般　中小企業労働者を組織した合同一般労働組合。一九五五年に結成され、一九六〇年に総評全国一般へ名称変更した。二〇〇六年には全日本自治団体労働組合（自治労）と合同した。

＊小嶋千鶴子　岡田卓也の姉で、卓也とともに岡田屋を創設した。イオン名誉顧問。画家小嶋三郎一と結婚。ジャスコでは人事・教育部門の責任者となった。引退後は、三重県にパラミタミュージアムを創設した。

イズミヤ労組

大阪府泉南郡に生まれた和田源三郎（＊）は、大阪市西成区花園町で一九二一年にイズミヤを設立したが、店舗の開設前まで聖書の一節にちなんで「泉屋」と染め抜いた風呂敷を背負って呉服の行商を続けていた。戦後も聖書を胸に、店舗が消失した焼け跡のバラック小屋の古物商から再起した。この古物商を手伝う中学生だった次男の和田満治が成長し、一九五五年に修行先の繊維商社から戻って店長となり、一九六〇年にイズミヤの二代目社長に就任した。

その後、チェーンストア志向を強めて店舗を増やし、一九六二年に本部集中仕入れへ移行した。一九六八年には食品販売を開始し、ショッピングセンター一号店の岸和田店を開設した。一九六〇年代後半のイズミヤの規模は、一九六六年度は従業員数約一〇〇〇人、一一店舗、売上高約一一〇億円、一九六七年度は同一三〇〇人、一四店舗、一四五億円、一九六八年度は二〇〇〇人、二一店舗、二二〇億円、一九六九年度は二三〇〇人、二七店舗、三一〇億円と、急成長するチェーンストア業界に地歩を固めつつあった。

一九六〇年代末になると、突如としてチェーンストア組織化に乗り出した全繊同盟が、関西地区でジャスコ、ニチイなどとともにイズミヤの労働者を標的にして労組の結成を推進した。イズミヤの店舗では開店時に賛美歌を放送するほどであるから、和田源三郎や和田満治が労働組合を敵視することはなかった。ところが、イズミヤ労組は結成されたものの全繊同盟へ加盟せず、以後「アンチゼンセン」の筆頭格として知られるようになる

当初、労組の結成準備は円滑に進んだ。役員候補のリーダー格も決まり、労組の結成が現実味を帯びてきた一九六九年九月、全店に労働組合結成準備委員七人の連名で「労働組合結成趣意書」が配布された。この委員会の中心人物は、訓練部長であり、さっそく翌一〇月には各店から代表者が集まり、結成代表者会議が開催された。ところが、この会議で事態は急変した。安直な代表者の選考方法や全繊同盟加盟の既定路線などに関して疑問点が出され、やがて自主性のない結成に対する不満が充ちはじめ、準備が頓挫してしまったのである。

ただし、労組の必要性や結成自体には異論がないことが確認され、軌道修正を図ることとなった。この後、仕切り直しとして五人の委員による暫定準備委員会を発足させてから、参加者を拡大して労組結成同志会とし、労組結成代表者会議に集まった三七人の代表者で結成を正式決定した。綱領、規約、活動方針の原案を作成するとともに、いかなる団体からも自立して結成するこ

とを確認した。この間に一時的な結成準備資金として労働者から一口一〇〇〇円で約七〇〇口、計約七〇万円の借入金を集めていたことは特筆されるべきである。最初の結成代表者会議を解体して以降の結成有志たちには、自分たちの労組は自分たちでつくるという気概や、会社の言いなりにはなりたくないという反骨精神が共有されていた。

こうして、一九七〇年二月、大阪市北区の桜宮公会堂において結成大会が開催され、いずみや労働組合（イズミヤ労組、委員長杉山勝彦、書記長日高昭夫、約一五〇〇人）が誕生し、同志会の主要メンバーが三役に専従者として就任した。会場には、労組関係者で唯一参加し、イズミヤへ労組結成を奨めていた全ダイエー労組委員長松吉英男の姿があった。

＊和田源三郎　イズミヤの創始者。家業は石鹸製造販売。呉服の行商からはじめ、一九二一年にいずみや呉服店を開店した。一九五二年に衣料品店を出店した後にチェーン展開を開始した。

イトーヨーカドー労組

一九五七年、伊藤雅俊（＊）がイトーヨーカドーを設立した。前身企業は、一九二〇年に伊藤雅俊の叔父の吉川俊雄が開業し、兄の伊藤護が途中から参加した羊華堂洋品店であった。伊藤雅俊は一九二四年に東京で生まれ、横浜市立商業専門学校を卒業後に出征し、戦後は三菱鉱業（現三菱マテリアル）で働きはじめたが、退社して羊華堂洋品店へ合流した。ところが、一九五六年に伊藤護が逝去したため、事業を承継してヨーカ堂にした。その後、伊藤ヨーカ堂、イトーヨーカ堂への改称を経て、イトーヨーカドーとなった。

伊藤雅俊は、母親のゆきや護が商いに心血を注ぐ働きぶりを凝視してきたため、地味で慎重な営業を心がけた。多店舗になっても家族経営の名残りをとどめるイトーヨーカドーは、決して性急な拡大路線をとらず禁欲的であった。伊藤雅俊は、「大きすぎない会社がよい」と広言するほどで、当初は長期安定低成長をねらうように、急拡大を急ぐチェーンストア企業群の陰にいた。しかし、一九六〇年代に入って、伊藤雅俊がアメリカでのチェーンストア視察から帰国すると、赤羽、北浦和、小岩、立石、蒲田、大山、三鷹、溝の口、田無へ出店を重ねて着実に多店舗化を進めた。

一九七〇年に創設された全繊同盟流通部会はチェーンストア五労組が集結して発足したが、全繊同盟のオルグはその間も名だたるチェーンストアを標的に労組の結成に全力を傾け、矛先はイトーヨーカドーの労働者にも向けられていた。全繊同盟は、一九六九年からイトーヨーカドーに接近し、労組の結成を誘導するために、労働者のみならず経営陣への接近を試みた。後にセブン&アイグループ会長に昇りつめる、当時の人事部長鈴木敏文（＊）との接触にも成功している。だが、前職トーハンでは労組書記長をつとめていた鈴木敏文は、労組を知悉しているだけに当初は労組に懐疑的であった。

一方、伊藤雅俊は、勤務していた三菱鉱業で先鋭的な労働運動の弊害を体験していただけに労組に否定的であり、同時に商人の観点からすれば労組は理解しがたいものであった。すなわち、店主と従業員が一体となり顧客と接する大事な関係の外に突如として出現する、経営者と労働者の関係が意味不明であった。もちろん、自ら労組に身を投じた経験はない。だが、両者の労組に対する大きな認識の差異が露わになると、かえって冷徹な鈴木敏文は、イトーヨーカドーの将来にとって労組が必要になる局面がくることを予感した。

経営陣が労組について検討しているとの噂が流れると、機運の変化を感じ取った労働者たちは労組の結成準備に動き始めた。結成有志たちの間で対立や葛藤があったり、結成を目論む別のグループが現れたりした。だが、何とか合意に至り、結成準備委員会の編成に漕ぎつけることができた。

その後、団結を深めた有志たちは、組合員の勧誘活動を続け、九〇%以上の加入に届いたところで、一九七〇年一〇月二二日に東京都港区麻布の国保会館で結成大会を開き、組合員数約二二〇〇人のイトーヨーカ堂労働組合（委員長岩國修一、書記長内藤佳宜）が誕生した。一九七二年にイトーヨーカドー労働組合へ改称したため、以下では、イトーヨーカドー労組と呼ぶ。

*伊藤雅敏　三菱鉱業勤務を経て、家業の洋品店である羊華堂の経営に参加した。一九五八年、ヨーカ堂を設立し、以後、イトーヨーカドーを日本有数の総合スーパーへ成長させ、セブンイレブン、デニーズなどを設立した。

＊鈴木敏文　東京出版販売へ入社後、伊藤雅敏にスカウトされてイトーヨーカドーの人事部門責任者に就任した。セブンイレブンの創設に成功した。セブン・アンド・アイホールディングス会長に就任した。

チェーンストア労組の結成に関わったリーダーたち

最後に、チェーンストア労組の結成に関わったリーダーたちの体験の一部を紹介しておこう。

西友労組の高崎満は、希望に燃えて入社した際に、どの部署も狭い部屋に似合わないほど多くの労働者が詰め、早朝から深夜まで肩を寄せ合うように働く姿を見て、まるで銭湯に来ているような錯覚に陥った。

長崎屋労組の川野正男は、ストアで働き始めた初日に終業して寮に戻り食事をした後、先輩たちがみな姿を消すのを不思議に思った。翌日後をつけてみると閉店後の店舗で再び作業をしていることを知った。

イトーヨーカ堂労組の塙明彦は、早朝青果バイヤーとして市場に向かいストアに戻ってからは深夜まで働くので、睡眠時間は毎日三時間であった。労組の結成準備に入ると、徹夜が続くようになった。

チェーンストア労働者の一部は、労組の結成に動いていくが、流通革命を進める混沌の中に危険を感じていた。松吉と同様の嗅覚をもっていたのである。

過渡期の混乱は、まだ続きそうであった。賃金の決め方は良くも悪くも粗雑であったが、賃金は企業成長とともに上がっていった。高賃金に惹かれて、他社からの入社希望者が多く実際に採用された。だが、チェーンストア産業が勃興したばかりなので、他社経験者と言っても同業からの転職は少ない。あったとしても一部のスカウトを除けば、新人同様の労働者たちである。引き寄せられる労働者たちは、体力勝負で徹底的に働くことに嫌気がさせば、すぐに退職していった。流入と流出が交錯していたがだんだん落ち着いていった。

これらの体験は、一九五〇年代後半から労組の結成が相次いだ以後、その活動の最大の原動力が長時間労働への抵抗であったことを予兆するものであった。

本章では、日本の小売業の王者の座についたダイエーがまだ混乱の最中にあった地点に立ち、企業の雇用とマネジメントを明らかにした。また、松吉英男ほか労組のリーダーたちの眼を使い、当時の労働者像の一部を照らした。チェーンストア黎明期の一九五〇年代から一九七〇年代に労組が誕生したため、それらを一瞥した。

第二章では、労組の取り組みと労働者の実像に迫りながら、メンバーシップ型雇用の形成過程を探る。

第二章

「メンバーシップ型雇用」の形成

前近代的経営の打破

チェーンストア企業は、流通革命の旗手でアメリカ流のはずなのに、日本の商人道や商業慣習が色濃く残った。その一方で、国民の暮らしのために、と躍動する若者を焚き付け長時間労働を課した。なんらかの歯止めがない限り、労働時間の天井は見えない状態であった。大規模出店のために大量に採用された労働者は大量に離職し、それを糊塗するように、また大量に採用された。労働者たちの要求は、「就労環境の整備」だけでなく、「前近代的経営の打破」を前面に出した。日本の因習にとらわれない、見たこともない産業が創造されていくことに魅力を感じた労働者にとって、この時点で必ずしもメンバーシップ型雇用路線ではなかった。労働者たちは労組結成に成功すると、さっそく労働時間と賃金の問題に取り組んだ。

東急ストア労組の「長期五か年計画」

「長期五か年計画」と聞けば、すでに紹介したダイエー労組の「五か年ビジョン」に似た名称であることに気づくはずである。実際に中身も酷似している。東急ストア労組の場合も、期限を決めて労働条件を飛躍的に引き上げようと試みた。

「長期五か年計画」は、一九六三年一月、武蔵境店をモデル店舗として、標準化のノウハウを開発した後に全店に適用したい、という会社側からの提案がきっかけであった。東急ストア労組は、店舗の生産性を上げることができれば高賃金に結びつく、早期に労働時間の短縮が実現できる、人員の合理化ではなく仕事の合理化である、などの好意的な見解を示して、労使で取り組む決断をした。

その後、東急ストアは、一九六六年度に、従来の年功賃金型の賃金制度を改め、定期昇給を伴う職能給の導入に踏み切った。会社創立一〇周年を迎えた時点での新たな経営方針に盛り込まれたものであったが、定員制の実施、職務の明確化など、他の項目も含めて、会社側が労務管理近代化に舵を切る意図は明確であった。

一方、東急ストア労組も、一時金について夏冬の季別交渉から年間総額交渉への方式変更によって年間賃金を拡大するという構想へ一歩近づく試みを要求した。会社側は当初は大きく抵抗したが、六回の団体交渉の末に労組の考え方自体を了解する修正回答を出すことになった。これらは、東急ストア労組が検討しはじめた賃金倍増計画に有利な背景要因となった。

一九六七年度になると、東急ストア労組は、求心力が急速に高まった。一九六七年三月の臨時大会で一九七一年度を最終年度とする「長期五か年計画」を満場一致で決定し、賃金交渉における三権（交渉権、争議権、妥結権）の労組執行部委任を可決した。すなわち、賃金については期間内に倍増させ、労働時間については週休二日制の導入を実現することをめざす計画である。まず、賃金倍増についてみよう。

「長期五か年計画」の決定で、賃金倍増計画が公式に姿を現した。すなわち、賃金を年間総額でとらえ、個別賃金（標準者賃金）を五年間で倍増する水準へ年々拡大するというのである。もちろん物価上昇や税金も常に把握し、実賃向上によって、とくに物価上昇は各年で完全保証を前提とすることなどが確認された。基本給引き上げの最重点化、基本給への一時金の組み入れ拡大、一時金の月数の保持、人事考課の整備による成果配分の推進、最低賃金の確立などから構成されるきわめて画期的な計画であった。さらに、賃金倍増計画を実現するために賃金交渉は春季一回の交渉に限り、労使の余力は「高能率、高賃金」を旗印として、生産性向上への取り組みに投入する方向性を明確に打ち出した。

この結果、一九六七年度は年間一括交渉により、月例賃金で平均四二四〇円増（一六・二％増）、年間一時金で平均一六万円を獲得し、賃金倍増計画は順調にスタートした。

続く一九六八年度の賃金交渉は、当初は労使の見解が大きく異なり、会社側は労組側の政策に難色を示した。だが、最終的には基本給を重点とする年間賃金政策に同意し、月例賃金六一〇五円増（二〇・八％増）、一時金一六万二四六八円（三・二％増）で妥結した。また、中途採用者への一時金配分や通勤手当引き上げなど、細部の整備を進めた。

一九六九年度は、賃金交渉が難航し、会社側回答を何度も拒否して一か月半にわたって一一回の団体交渉を続行した。最後は修正回答を引き出し、月例賃金六六六四円増（二〇・四％増）、一時金一六万四一八六円（一・六％増）となった。

一九七〇年度になると、東急ストア労組は一般職からの監督職の分離、役付手当の改訂、世帯手当の新設、中途採用者賃金水準の改訂など、前年度に見送った賃金制度変更の確認を行った後に賃金交渉に入った。その結果、月例賃金八八七八円増（二四・七％増）、一時金一六万五九四九円（七・六％増）で妥結した。

ところが、賃金倍増計画の最終年度である一九七一年度には、会社側が組合員へ賃金回答の説得活動を行ったことが発覚し、労使紛争が発生した。賃金交渉の過程で労組側が組合員に伝達する前に、社内報で回答内容を開示し、各職場ではその直後から夕礼などで管理職が回答内容の説得をはじめたのである。労組側がそれを確かめると、会社側は平然と「組合員ではなく従業員に回答しただけだ」と言い放った。

この言葉に激怒した労組側は、これまでの労使関係をないがしろにする行為であるとして、ただちに中央闘争委員会を設置して猛烈に抗議した。以後一二回の団交を通じて、経営者の責任を追及した。この結果、社長山本宗二（*）が会社側の一連の行動に関して謝罪表明することで収束した。社長表明の全文は掲載しないが、謝罪部分はこう表現されている。

「今次賃金問題の団体交渉中において会社が交渉権を委任されている組合側交渉委員を通さず、管理職をして、直接その部下に賃金回答の会社案の説明をさせたことは、会社にとってその意図はなくとも、結果的に団交の場を軽視したことになり、誠に遺憾に考える次第であります」

図表 2-1　東急ストア労組の賃金倍増計画における引き上げ額の実績

年度	月例賃金		一時金		年間総額	
	引き上げ額	率	引き上げ額	率	引き上げ額	率
1967	4240円	16.2%	1万8907円	13.4%	6万9787円	15.5%
1968	6105円	20.8%	5038円	3.2%	7万8298円	15.4%
1969	6664円	20.4%	2429円	1.6%	8万2397円	15.2%
1970	8878円	24.7%	1万1763円	7.6%	11万8299円	20.2%
1971	11027円	25.8%	2万2014円	13.3%	15万4338円	22.8%

（資料出所）『全東光』（東光ストア労組機関紙）第100号、1971年5月31日付。

「会社としては、労使問題について、その所信、立場を従業員に表明することは、法的にも容認される権利であると信じていますが、上記観点に立つ場合この行為が、よき労使関係を阻害するものであったことは否めません」

「会社は、ここに組合、ならびに会社の指示に対して忠実に履行した管理職に対して、無用の誤解と混乱を招いたことを陳謝いたしたい」

結局、一九七一年度は労使紛争の果てに五年間で最高の引き上げ率となり、月例賃金は一万一〇二七円増（二五・八％増）、一時金は一八万七九六三円（一三・三％増）で決着した。**（図表2－1）**

振り返れば、五年間の月例賃金、一時金、年間総額の引き上げ額と率は非常に順調に推移し、すべて計画値を上回っていた。最終集計によると、一九六六年度の年間総額一〇〇に対して一九七一年度は二二七と、画期的な賃金倍増計画は、倍増の計画値二〇〇をはるかに超える成果を残して完了した。

＊山本宗二　伊勢丹に入社後、ファッションの伊勢丹と呼ばれるまでに育てた後、一九六三年に五島慶太の要請を受けて東急グループ入りした。

サービス残業と三六協定違反

東急ストア労組の「長期五か年計画」のもう一つの週休二日制の導入に立ち入る前に、その過程で発生した、労使の緊張や摩擦について見ておこう。

東急ストア労組は、一九六八年二月から適正な労働時間管理を確保しようと三六協定の運営を明確にし、不適切な労働時間排除と勤務時間内の生産性の高い働き方をめざした。週休二日制を実現するための労働時間短縮活動の一環である。ところが、会社側の時短への対応は誠実さに欠け、三六協定違反が発生した。

このため、東急ストア労組は、時間外労働の実態を把握に乗り出した。無作為に選択した五店舗について一九六八年一〇月から一九六九年一月までサンプリングされた個人タイムカードを調査したのである。その目的はいわゆるサービス残業時間の特定であった。当時、実働八時間、拘束九時間であった。

五店舗分の調査の結果、全体の男女平均で二五時間一八分の時間外労働時間、そのうち一六時間がサービス残業時間であることが判明した。

図表 2-2　東急ストア 5 店舗の平均時間外労働時間（1 か月間）

店舗（期間）	男女計			男性			女性		
	a 時間外	b うちサービス残業	サービス残業率 b ÷ a	a 時間外	b うちサービス残業	サービス残業率 b ÷ a	a 時間外	b うちサービス残業	サービス残業率 b ÷ a
A 店（1969年1月）	39時間6分	19時間12分	49.1%	50時間42分	25時間18分	49.9%	27時間30分	13時間6分	47.6%
B 店（1968年12月）	15時間12分	7時間28分	49.1%	23時間54分	9時間48分	41.0%	9時間42分	5時間48分	60.0%
C 店（1968年10月）	26時間6分	19時間36分	75.1%	29時間42分	20時間54分	70.4%	24時間24分	19時間6分	78.3%
D 店（1968年12月）	27時間36分	21時間48分	79.0%	31時間48分	21時間36分	68.6%	25時間18分	21時間54分	86.6%
E 店（1968年12月）	18時間18分	11時間30分	62.8%	24時間12分	13時間42分	56.6%	14時間12分	10時間6分	71.1%
計	25時間18分	16時間	63.2%	32時間	18時間27分	57.7%	20時間12分	14時間	69.3%

（資料出所）『全東光』第90号、1969年4月18日付より作成。

もっとも長いのはA店の男性組合員で、時間外労働五〇時間四二分、サービス残業二五時間一八分と突出している。しかも、繁忙と繁閑の時期に関係なく、また人員の多少や店舗規模に関わりなく共通傾向が示されたため、全店の傾向と推定された）。（**図表2-2**）。

なお、この調査結果から、筆者が独自にサービス残業率（時間外労働時間に占めるサービス残業の割合）を算出したところ、全体で六三・二％であり、サービス残業の割合は時間外労働の一部というより、相当部分を占めている。また、男性のほうが時間外労働時間とサービス残業時間が長いものの、女性のサービス残業率は男性より高いことがわかる。

こうした職場の事態を重くみた東急ストア労組は、素早く、しかも大きな決断に踏み切った。それは、三六協定違反があるのなら協定を結ばない、というものだった。

東急ストア労組は、まず一九六九年三月分（二月一一日より三月一〇日）の協定違反三店舗に対して、三月二一日から四月一〇日までの二一日間について協定せず、組合員へすべての時間外労働を行わないよう指令した。会社側はこれらの店舗の担当課と積極的に話し合い、勤務時間帯の変更などのやり繰りで乗り切ろうとしたが、とても対応しきれず、大きく混乱する売場が続出した。

組合員のなかには、「顧客サービスの低下や取引先との関係などから、時間外労働のない勤務は非常に苦しく現実的ではない」などの意見もあった。だが、組合員に対して指令の趣旨説明を怠らなかったこともあり、当初の計画どおり完遂した。

東急ストア労組がこうした対抗措置を断行した背景には、時間外労働の実態のみならず、それを受け入れがちな組合員の意識に対して危機感を抱いていたことがある。

一九六九年四月に「サービス残業に対する意識調査」を組合員八九二人に対して実施した結果、サービス残業をする理由は男女計で「現在の人員と仕事量ではやむを得ない」が二八・七%、「やる気があるからよい」が一七・六%、「評価される風潮があるから」が二・六%であった。

つまり、約半数の組合員が何らかの理由でサービス残業を肯定していることが明らかになった。しかも、この傾向は男女や等級で差異がみられなかったのである。東急ストア労組は、現任の組合員のみならず、毎年大量に入社してくる新入組合員も、早晩同じ意識に染まる危険性を感じとった。

一九六九年四月、東急ストアは、この時間外労働無協定戦術について、「なれ合いの安易な慣習を排して経営の民主化と労使関係の近代化をめざすため」と高らかに宣言した。それに対して、東光ストア社長山本宗二は、協定違反三店舗に触れ、今後は労使の共同体制と適正な労務管理を推進すると表明した。その結果、一九六九年八月、三六協定違反の発生しない環境や管理体制、労働時間問題など、さまざまな面から高能率・高賃金体制をめざす労使専門委員会を設置した。一九七〇年一二月、東急ストア労組は、三六協定を支部ごとから、複数店舗を管轄する地区ごとに締結する方式へ移行した。

週休二日制導入には失敗

東急ストア労組の「長期五か年計画」のもう一つの主要課題であった週休二日制導入計画に焦点を合わせよう。東急ストア労組は当初、チェーンストア業界の実態を勘案し、労働時間の短縮を営業時間の短縮で抑え込むことは非現実的であると考えた。すなわち、基本的に当時の営業形態に規定される労働時間を上限とし、労働時間制度を改変することを優先した。また、週単位の時短をめざすことにした。集中的な議論の結果、次の四点の基本政策を決めた。

第一に、週休二日の段階までは、組合員個人の年間総労働時間の短縮を図り、最終的には週単位で定休日の一日と公休日の一日で計二日休日とする。第二に、時短は賃金の裏付けが必要であり、週休二日制が実現したことで賃金の伸びの鈍化、停止、減少が生じないようにする。第三に、定休日のない無休店舗については、店舗運営が困難に陥るため、週休二日制の導入までに週定休制に移行する。第四に、今後新規開店する店舗については、週定休制とする。

東急ストア労組は、さっそく一九六七年度を「長期五か年計画」第一年度として、基本政策に基づいて週休二日制の推進に踏み出した。一九六七年度は、それまでの時短の取組みの効果もあって、年間協定の結果、時短に寄与する多くの制度の導入と運用に成功した。たとえば、夏季と冬季の三日連続休日、夏季と冬季の早帰り制度、無休店舗へ年間五日の特定休日導入、時間外労働規制を明確にした三六協定の運用促進、振替休日の実施率向上、年次有給休暇の増加要求などである。

一方、週定休制については、会社側へ要求書を提出した一九六五年以来、労使の主張は平行線のままであった。そこで、労組側は売上鈍化を見せ始めた経営実態や無休店舗の勤務実態から、あくまでも週定休制志向を保持しながらも、無休店舗の全面撤廃ではなく段階的解決へと転換した。

一九六八年度に入ると、東急ストア労組は、週休二日制の実現までの距離を縮め、組合員個人の年間総労働時間の短縮を図るために、年次有給休暇取得と時間外労働短縮を促進するプログラムを開始した。

前者は「年次有給休暇取得運動」と呼ばれ、労使協議会で確認をとり実施した。最低限一か月一回の有休の取得を推進した結果、例年低率となる二〜三月は取得率が七八％にとどまったものの、四月が八七％、八月が九一％など、取得率が従来よりも上昇した。また、取得率の低い男性組合員にも波及効果がみられた。

後者の「時間外労働縮小運動」は、時間外労働の減少傾向がみられ始めたものの、会社側の関心が低く、協定遵守精神が欠如していることを問題にしたものである。これを打開するために、基本姿勢や三六協定の適正な運営に関する協定を結んだり、労使協議会で改善要求を重ねた。

営業形態に関しては、同業各社と激しい競合を展開するなかで、大型店の開設が相次いだため、店舗の延刻と無休が進んだ。そこで東光ストア労組は、週休二日制の実現のために、当面は営業時間と労働時間を切り離して検討することを再度確認した。

一九六九年度になると、月一回年次有給休暇取得運動を月一回公休へ発展させることを狙った。東急ストア労組は、長期五か年計画に基づき、今後の時短計画を含めて会社側に公休制の変更を要求した。だが、一九六九年からの実施は見送られたため、一九七〇年上期の実施を視野に入れて、必要条件や実施方法を労使専門委員会で検討することとなった。

一方で労働力不足傾向が強くなり、時短には不利となった。だが、労使で作業改善、定着対策、勤務シフトの工夫を重ねた。この過程でサービス労働問題が発生したが、労組側が無協定という大胆な措置を取って収束させたのはすでに述べた。

一九七〇年度はいよいよ週休二日制の実現へ動き始めた。一九七〇年四月、「週休二日制委員会」を発足させて検討を続けた。半年遅れた月一回の特定休日が全店舗に適用されて一か月五日間の公休を獲得するとともに、七月には実験店で隔週休二日制を開始した。これにより、運用上の課題が次々に明らかになり、毎月開催した労使協議会での検討が大幅に増えた。時間外労働と休日労働の管理について組合員の意識が向上し、会社側への啓発効果が高まった。

しかしながら、「長期五か年計画」最終年度の一九七一年度は、労使が細部の話し合いを詰められないまま制度の導入が整わず、時間切れと判断され、週休二日制ではなく隔週休二日制を導入した。平均して二週間に一日の指定休日を増加させるものであり、不完全な制度であったが、三六協定対策では成果を上げ、突出した時間外労働はなくなるなど、時短そのものは進んだ。

こうして東急ストア労組は、週休二日制の導入は未完のまま「長期五か年計画」を終える結果となった。

八年間で週休二日制へ

東急ストア労組は、引き続き週休二日制の実現意欲を明確にしながら、集中的に休日数の拡大に取り組んだ。一九七二年度は、年間総休日数一〇七日を要求し、九八日(公休五二日、指定休三一日、年始三日、連続休暇一二日)で決着した。その結果、中元期、年始、その他繁忙期の除外期間を設定しつつ、所定内労働時間は年間二一三六時間、一週四一時間五分となり、チェーンスト

ア業界でトップクラスになった。週休二日制が現実的となる地点まで詰めたのである
ちなみに、同年の休日数と年間労働時間は、丸井八二日・二一二三時間、イトーヨーカ堂七八日・二一五二時間、ダイエー九五日・二一六〇時間、西友ストア八〇日・二二八〇時間、長崎屋七八日・二二九六時間、十字屋七七日・二三〇四時間、渕栄七二日・二三四四時間、ユニー六六日・二三九二時間であった。

一九七三年度の労使交渉では、東急ストア労組が、業務の合理化の遅れと採用難を勘案し、一九七五年三月から年間休日一〇四日とする会社側回答を引き出したところで、あえて一〇〇日で決着した。同様に一九七四年度は一〇二日の回答を受け入れた。一九七五年度、一九七三年に労使で合意していた休日一〇四日が決定された。

「大規模小売店舗法」(以下、大店法)の施行にともなう運用面の交渉では、東急ストア労組は二〇分の短縮を要求したが、最終的に一五分の短縮で決着した。この結果、一日の平均拘束時間は八時間四五分、同実働時間は七時間四五分となり、ついに週休二日制を獲得した。

振り返れば、週休二日制は、「長期五か年計画」が開始された一九六七年度以来、八年をかけて実現した。流通革命の使命感に乗って成長し、労働時間が膨張を続けるチェーンストアで、逆ねじを巻いて時短を進めることは至難の業であり、週休二日制のハードルの高さを理解するのに、それほど想像力を必要としないはずである。

「長期五か年計画」の成果は、労使が同じ方を向いていた点が大きいにせよ、東急ストア労組の

実行力は評価すべきである。また、東急ストア労組が終始この計画を主導し、企業の体質改善や成長に大きく関与していた。

ただし、それは賃金に関して強く該当する点に留意が必要である。労働時間に関しては会社側が、随所で強く抵抗していたし、労働者たちが長時間労働を容認する意識がみられた。この意識を深読みすれば、企業と労働者の間に、賃金を上げることにはやぶさかではないが、それと引き換えのような長時間労働はやむなし、といういわゆる「心理的契約」の一端が見てとれる。

西友労組の営業時間延長問題

労働者が労働時間の短縮を求めるのに対して、会社側がそれを無視するかのように、労働時間を伸ばそうという構図になるのは西友でも同じであった。しかも、労組に対する支配介入に至るほど徹底していた。

一九七一年一二月、西友は田無店をテナント入居店舗駅ビルに転換した田無ファミリーパークを開店させた。だが、当初労組側が得ていた、全店テナントおよび消化仕入方式（他業者に売場を貸して販売額のみ納品処理を行う方法で、百貨店が多用していた）との情報と異なり、自店営業も含まれることがわかった。駅ビル店の二〇時閉店と、組合員の一八時四五分終業とが矛盾することから、労組は従来の終業時間を基本原則とすることを確認した後に、組合員が不利にならない残業処理とシフト編成で対応し、継続課題とした。

だが労組が睨んだとおり、これは会社側の営業時間延長移行への布石であった。田無ファミリーパーク問題のしこりが残ったまま、西友労組は春闘要求案の討議に入り、営業時間延長を賃金交渉の取引材料に使われないよう釘を刺す議論が相次いだ。

一九七二年三月、労組は賃金要求、休日要求、営業時間延長阻止などの春闘要求案を決定し、圧倒的賛成多数でストライキ権を確立した。ところが、要求書提出後に開催された団体交渉では、会社側が賃金問題について営業時間延長問題が解決しない限り検討しない旨の発言を放ったのである。とりわけダイエーに対して経営数値が劣っており、その対策として長期的な出店継続と営業時間延長が不可欠である、というのが会社側の主張であった。

西友労組は、色めきたち全面拒否した。賃金と労働時間の包括提案である限り一括返上する、一〇四日の休日要求と営業時間延長は別個の問題として討議する、などの態度を表明し、労使が激しく対立した。

また、労組側はダイエーと競合する赤羽店、イトーヨーカドーと競合する柏店をはじめ、重点的に店舗の職場集会を開き、労組役員が参加して組合員の意見を集めた。

一部から「大幅賃上げがあれば営業時間延長もやむなし。とにかく金が欲しい」という意見が出された一方で、「延長を認めるくらいなら労組は要らない」との意見がみられた。各店舗の大勢は、営業時間延長反対の意見で埋め尽くされた。赤羽店の職場集会に臨席した委員長の富沢司郎は「決意を新たにして反対運動を展開する」としめくくった。

ところが会社側から、労使交渉が整わない場合でも、一九七二年五月一日から夜間労働をともなう営業時間延長を実施することがあり得る、との情報が流れた。それに呼応するように、職場を混乱させ組合員を動揺させる行為が続発した。このため、西友労組は機関紙を通じて、個別面接による説得、誘導尋問、脅し、アンケート調査実施などを通じた店舗の管理職による不当労働行為について組合員へ周知し、次のような労組に対する支配介入や分裂政策の実例を指摘した。


「君はどう思う。組合の意見ではなく君個人の考えを言ってくれ」

「会社の言うことを聞かないと君のためにならないよ」

「組合活動をやれば出世も遅れるよ」

「折れろよ」

「極秘情報だけど、労組幹部も割れているようだ」

「営業時間延長反対か賛成かのアンケートを取るから記入して」

「うちの店だけでも賛成しようよ。反対すると賃上げが遅れるから」


こうして一九七二年四月二日、実際に団体交渉の席上で会社側は話し合い姿勢から経営優先姿勢への転換をみせた。経営計画室長の高丘季昭（＊）は、「労組がどうしても営業時間延長に合意しない場合、会社は一方的に実施することがあり得る」と伝えたのである。経営者の営業時間延長に対する並々ならぬ執念がみられる。

＊高丘季昭　東京新聞、ニッポン放送などを経て一九六三年西武百貨店入社。西友に転じた後にファミリーマート会長、西友会長などに就任した。

不当労働行為対策へ

西友の管理職が短期間にこれまでみせたこともない行為を繰り返すようになったのをみて、それを強いる指示が下っていると判断した西友労組は、正面から取り組むことを決めた。一九七二年四月三日に開催した店内議長（支部長に相当）会議では、労働法学者を招いて不当労働行為についての報告会を実施した。

その結果、店長が店内議長を指名しようとする、営業時間中に個別面接や署名アンケートを実施している、労組総会に代議員を出席させないようにする、朝礼で中央執行委員を批判した、など不当労働行為に該当するとみられる事例が積み上がった。

一方、労組は春闘団交の会社側の低額回答に抗議するため、四月一三日より全店一斉のワッペン着用を指令した。ところが、会社側は猛然と妨害行為に出てきた。各店舗では管理職たちが競うように部下の叱責や説得を繰り返した。

「これは春闘ではなく、営業時間延長反対のワッペンだ。会社方針に背くのか」

「まだワッペンを着けているのは少数だから意味はない」

「君の安全は保障できないな」

「はずせ」

四月一五日、労組側は組合員の四割がワッペンをはずしたと分析し、ワッペン着用の一時中断を指令した。このままでは板挟みになる組合員たちの圧迫が大きいからである。だが、この指令で組合員は大きく混乱した。腹をくくってワッペン着用を強行したのに中断するというのでは、統制違反が正しかったことになり不信が募る。各所で不満が大きくなってきた。その後の息苦しい雰囲気で交渉凍結、再開、妥結の詳細は省くが、結局、前年より高い賃上げを獲得したものの、営業時間延長を認めざるを得ない立場に追い込まれた。

この後、一九七二年六月の西友労組総会での役員改選は荒れ模様となった。委員長をはじめ幹部は選任されたものの、不信任票が多く投じられた。また、選挙直前には、配置転換などで代議員の取り下げや入れ替えが激しく、会社側の選挙介入があるとの情報が一部流れていた。その結果、不信任者三人と財務局長の立候補がなくなり、計四人の役員が欠員のまま新執行部が誕生する波乱のスタートとなった。

だが、同年一〇月開催の臨時総会で規約を改正し、五人の役員を補充することに成功し、巻き返しに出た。西友労組は、不当労働行為を放置せず追及する方針に基づき、組合員三〇人の体験証言から「不当労働行為集」を編集し配布した。経営者の責任を追及するために必要な意思統一の第一歩であった。

一九七二年一一月開催の中央評議会では、不当労働行為証言者は労組一任としたうえで、団体交渉で会社側の謝罪を要求し、団交で会社側の干渉や圧力が認められれば、東京地労委へ申立てをすることを決定した。また、会社側へは全組合員の要望として、社長の堤清二に対して不当労働行為および類似行為に関する社長堤清二名による謝罪文を要求した。

なお、西友労組の一連の決断の背景には、全ダイエー労組が一九七一年のワッペン着用で大阪地労委へ、灘神戸生協労組が一九七二年のワッペン着用およびストライキで兵庫地労委へそれぞれ申立てた事実内容を分析していたことがある。

こうして一九七二年一二月の団体交渉に突入した西友労組は、会社側が行った数々の不正行為を厳しく追求し、今後の労務政策を正すよう迫ったところ、会社から謝罪を含む回答書が出された。三〇分の休会に入り回答書の内容を精査した結果、反省の意を認めて地労委への申立てを中止し、いったん不当労働行為への糾弾の矛先を収める旨を回答して決着させた。なお、謝罪回答書は堤清二名ではなく、副社長の平井武夫名であった。

しかし、この後の役員選挙で再び選挙介入があったり、大手新聞に掲載された労組役員の不当労働行為経験談に猛抗議した会社と衝突したりと、不当労働行為問題はくすぶり続けた。会社は、労組が結成されても、自らを律して健全な経営を続けるわけではない。西友においても、労働者の労働時間の延長につながるにもかかわらず、会社側がいかに営業時間の拡張について拘泥していたかがよくわかる。

低賃金政策の嵐のなかで

西友労組が直面したのは、会社側による徹底した労働時間面の侵食だけではなかった。西友の低賃金政策への対抗でも苦境に立たされた。西友労組は、一九七〇年代前半、毎年の賃金交渉でどのような方針や戦術をとっても、社長堤清二の低賃金経営への固執に阻まれ、思うような成果を上げられずにいた。

思い起こせば、西友労組は、結成後間もない一九六八年一一月には、残業代未払い問題が発覚し、国会でも取り上げられた。交渉を重ね残業代の事後処理に追われた。

西友は「東の西友、西のダイエー」と呼ばれたように、業界二位の規模を誇る大手チェーンストアでありながら、労働者のもっとも重要な労働条件である賃金が業界一〇位以下の水準という、いびつな状態であった。一九七〇年代を迎える時期の労働者たちの苦悩をまず見ておこう。

西友労組は結成後、組合員の賃金調査に乗り出し、西友の賃金が予想以上に低く、大手で最低水準であることが判明した。その現実に直面した労組は、果敢にも業界最高水準の賃金獲得で注目されていた伊勢丹を目標に設定した。かねてから交流があったこともあり、伊勢丹労組の賃金交渉のみならず労組活動を手本として、伊勢丹とのかい離を問題視した団体交渉を開始したのである。

こうした労組の態度を受け、支配人の上野光平は、一九六九年春には五年後は業界トップの賃金をめざすと宣言した。しかし、西友労組が労使交渉の資料を作った段階で勇ましい交渉意欲が萎えるほどの格差を再認識することになった。

一時間換算の賃金の比較では、西友の入社直後の男性賃金は、高卒であれ大卒であれ伊勢丹の約七割であった。西友の二二歳男性の賃金は伊勢丹の女性一八歳と同じ水準で、二三歳男性は伊勢丹の女性一九歳の約九割であった。しかもその差は勤続にともなって開き、三〇歳で半分以下にまで落ちる。女性賃金もほぼ同じ傾向である。

西友労組は不退転の覚悟で猛然と労使交渉を継続した。ところが、一九七一年、上野支配人は、一転して業界トップの賃金の目標達成が絶望的であることを発表したのである。

この一九七一年の交渉には、西友の労働者の苦悩が凝縮されている。一方、西友労組が加盟する全国チェーン労協は、できる限り統一的な交渉戦術をとるために、賃金交渉の申し合わせ事項を綿密に詰めるとともに、影響力の大きなナショナルチェーンとして賃金水準の上昇を先導するパターンセッター労組を決めた。

西友労組は、ダイエー労組、長崎屋労組とともにパターンセッターに指名され、業界の賃金水準向上のために先導的な役割を担うことになった。会社の業界内屈指の低賃金政策に直面する西友労組が、常に大幅賃上げを獲得する両労組に挟まれ、大きな飛躍が期待された。

西友労組は、一九七一年一月二九日、店内議長会議で春闘原案を提示し、いよいよ賃上げ交渉がはじまった。まず主要労組の賃金水準が公開された。長崎屋労組のモデル賃金のグラフを見た労組役員たちに衝撃が走り、その賃金の高さに落胆した。だが、低賃金に対する再確認が大幅賃上げ要求の火種となった。二月一四日〜一五日の地区長会議では、最低でも四〇%の賃上げが必要といった意見で統一された。

この時点で、ダイエー労組は賃上げ三四%以上の要求案で、三月二日に要求決定大会、三月五日に要求書提出労使協議会、三月一五日前後に第一次回答、また長崎屋労組は、年収ベース二五・四%要求案で三月九日に要求決定大会、三月一〇日に要求書提出団交、三月一〇日に第一次回答のスケジュールを設定した。

西友労組は三月八日の臨時総会において、三九・八%の賃上げ要求を決定し、あわせてストライキ権投票を実施して確立した。三月一三日、団体交渉が開催され、西友労組は要求書を提出した。要求書の骨子説明の際に提示した同業他社の年間賃金データを見た会社側は、西友の低賃金を知り非常に驚いた。だが社長の堤清二は、非常に厳しい要求内容であると発言して、強い拒否反応を示した。またそれ以降、徹底して低額回答を繰り返した。西友労組がいくら決意を新たにして団交を重ね猛抗議しても、要求の半分である二〇%程度の低額回答は変わらない。しかも団交も遅れがちで延期されるようになった。

この間にダイエー労組と長崎屋労組は、例年どおり先行して高額回答を獲得して妥結に至っている。そこで西友労組は、四月一四日に会社へ通告して、四月一六日に全組合員へ団結バッチの着用を指令し、四月一八日からバッジ闘争に入った。あわせて四月一九日に九店舗の残業拒否を通告し、四月二三日に残業拒否を開始した。来店客にもアピールした。しかし、それでも会社側の全面拒否は変わらない。西友労組は四月二三日に全組合員にワッペンを配布してワッペン闘争へ切り替え、あわせて主要一一店舗へ残業拒否指令店舗を拡張する戦術をとった。

四月二四日、会社側から緊急の申し入れがあり、ぎりぎりの線という最終回答が出されたが、二二・四%と再び低率であった。このため、西友労組は四月二五日に九三%の圧倒的多数で事業所単位のスト権を確立し、四月二六日の団交ではスト権確立を背景にして賃上げを主張した。しかし、上積み回答は出ず、一部地区の時限ストと全店舗の残業拒否を通告し、順次残業拒否を開始した。

ところが、会社側からスト突入の場合には回答を撤回しゼロ回答とすることが通告された。焦燥感が高まった西友労組は、ストライキ決行を確認しつつ、当初要求三九・八%にとらわれない上積み交渉に切り替えた。

直後の四月二七日の団交では、堤清二が非常に感情的になったため翌四月二八日に持ち越された。しかも予定開催時刻一四時を過ぎても会社側の意思統一ができないため延期され、ようやく一八時に開催されると、全員に一律一万円の上積みが提示された。西友労組はこれを受け入れ、長期にわたる賃上げ交渉を終結させた。

西友労組は残業拒否、バッチ闘争、ワッペン闘争など、西武グループでは異例ともいえる争議を辞さない戦術を使い、果敢に一四回もの交渉を試みたのは特筆されるべきである。ただし、ダイエー労組や長崎屋労組、さらには産別組合に加盟する同盟系の他の労組と比較すれば、劣勢であったのは一目瞭然である。

対抗策は「中期賃金計画」

一九六八年の結成以降、四度の賃金交渉を経ても低賃金から脱しえない焦燥感が募る西友労組は、一九七三年度の賃金交渉で会社側の最終回答を受諾する代わりに大きな賭けに出た。

低賃金をこれ以上放置せず、大手並みの賃金に追いつくためには、数年間をかけて、毎年大手の賃上げ率に数パーセントを上積みした賃金獲得を繰り返さなければならない。それまでの力ずくの賃金交渉では、十分な賃上げが実現できなかった事実を受け入れなければならない。こうした総括の果てに至った結論が、「毎年ではなく数年先の地点で、上位数社の中位の水準に到達することを目標にした、計画性のある賃金交渉に挑戦する」というものであった。

賃金上昇の最良手段として選択されたのが「中期賃金計画」（以下、中賃）であった。中賃に踏み切る場合の会社側の利点としては、当年、つまり一九七三年度の賃金交渉を円滑に収束させることができること、継続的な低賃金でいずれ採用やモラール低下で痛手を被るのを回避できること、計画化により無用の労使紛争を回避させ労使関係の安定化に寄与すること、労使が原資増大のために生産性向上に取り組むこと、などが想定されていた。

西友労組は、労使のニーズが一致していることを背景に、複数年にわたる賃金計画に関する協定、すなわち中賃を推進する根拠となる協定を締結することに成功した。具体的には、賃金水準が同業上位数社の中位数に一九七六年度ないし一九七七年度に追いつくことを目標とし、以後も労働条件の改善に労使双方で協議するため、合同の委員会を設置することになった。

中賃策定のための体制として、労組側四人、会社側四人による労使合同委員会を発足させ、そこから諮問を受けて調査活動や事務作業を行う労組側二人、会社側二人による事務局を設置

図表 2-3　中期賃金計画委員会体制

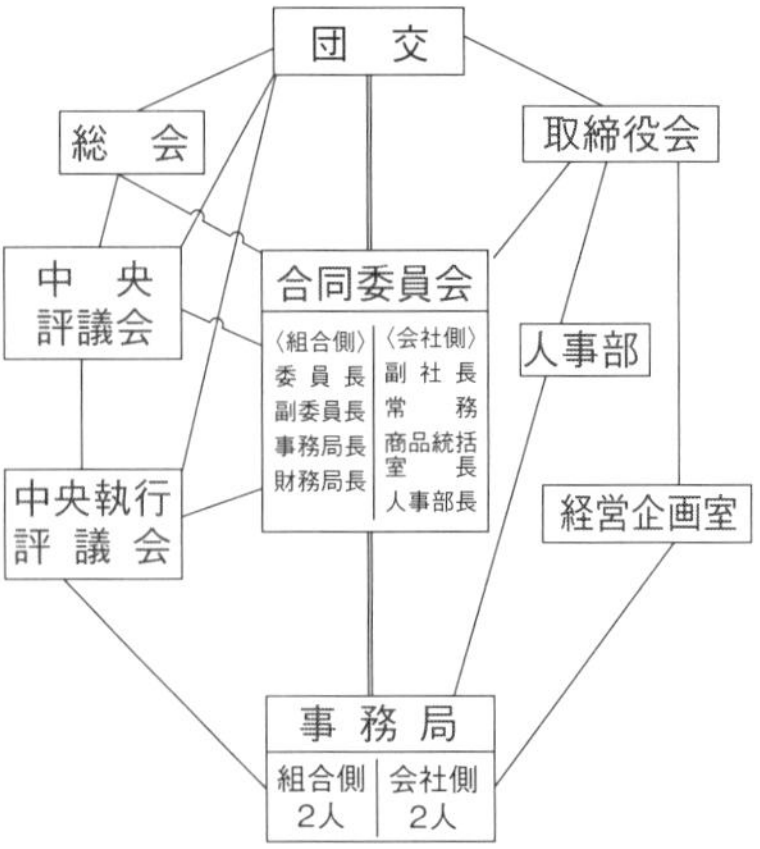

資料出所：『はだかの発言』第215号，1974年7月14日付

した（**図表2－3**）。

中賃事務局は、さっそく賃金比較対象企業の選択に着手し、労使双方の資料の分析に基づいて、賃金水準が高い企業としてイズミヤ、ダイエー、ジャスコ、ニチイ、長崎屋を設定した。だが、最終確認のために各企業の労使を二回ずつ訪問した結果、ジャスコに関しては合併企業であり実在者賃金が的確に把握できないと判断され、対象企業から除外された。

こうして一九七三年一一月には、具体的な中賃協定書が締結された。その骨子は、西友と賃金比較対象企業との年間収入レベルの格差は加重平均で約一〇％、単純平均で約一三％であると推定され、格差指数は一一三・二と設定された。格差是正の最終目標年度は一九七七年度とし、一九七八年度を調整年度とする。一九七四年度における格差是正の計画目標は、一九七三年度格差の三分の一が妥当であるというものであった。これらを中心とする確認がなされたうえで、「七四春闘」に突入していった。

西友の「七四春闘」

「七四春闘」と呼ばれた一九七四年の賃上げ交渉は、国民春闘とも呼ばれ、賃上げ率と争議規模は最高値を記録した。西友労組は「七四春闘」に先立ち、前年度の成果配分要求を行った。会社側はさっそくインフレ手当、中賃の格差是正分も含めて一九七三年度の基本給の〇・六％、年間収入ベースで三・八％分を支給する旨を回答し、労組は一九七四年度中賃の一部であることを確認して妥結した。

このように七四年春闘はそれまでとは異なり、中賃に沿って進行した。西友労組は、中賃初年度是正分を春闘の賃上げと夏季一時金で達成することを目標に、中賃初年度分を達成し得る水準を考慮して、二万八〇九九円（三九・六％）の賃上げ要求を決定した。

だが、三回の会社側回答を経て妥結に至る過程では、他社との比較判断基準が大きな争点となった。他社データは、年齢別の実在者賃金があるか否か、非組合員賃金が含まれているか否か、などがまちまちで、厳密な検証はできないとされた。また、西友労組は春闘賃上げと夏季一時金で格差是正を狙うものの、比較対象他社では秋の別交渉で冬季一時金が決まるため年間収入が変動し、一九七三年度の格差是正が実現したかどうかの判断は不確実である。何をもって実現の有無や適否を判断するかの基準に対する労使の合意がないまま、つまり格差の三分の一是正が実現したのかが不明のまま妥結した。中賃の初年度ということもあり運営の未熟さが露呈し、反省点が持ち越される形で「七四春闘」が終結した。

また、中賃は他労組からみても全面的な賛意を得られたとはいえなかった。第一に、チェーンストア業界二位企業である西友の他社への波及効果の期待から注目が集まるため、いわば他力本願の要素が入る賃金交渉ではどうしても警戒心を抱かせることになる。

第二に、労使の力関係が拮抗していないと、中賃の主要部分となる賃金比較において、生産性、人員、営業形態などで常に労働強化が押し付けられる可能性が残ることである。

第三は、西友労組の内部体制の問題であり、執行部を中心に労組内の上部だけに実質的な賃金決定権が与えられるため、組合員の切実な要求が十分に反映されないおそれがある。表面的にはいわゆる大衆路線とは逆の方向の労働運動にみえ、組合員の不信感の高まりや団結力の低下につながりかねない。

こうして、一九七四年九月、中賃合同委員会で労使が「七四春闘」の成果について議論を行ったが、西友労組は格差是正が芳しくないという結論に達した。すなわち、月例賃金一二か月分と夏季一時期の合計でみると、加重平均七・三％、単純平均九％の格差となり、狙っていた三分の一の格差是正は未達成であった。

このため、西友労組は冬季一時金要求策定を開始し、中賃格差是正の履行を前面に出して平均一・三か月分の上乗せ一時金要求を決定し、一九七四年一〇月に開催された団交で要求書を提出した。あわせて、中賃履行に対する署名活動に入り、ほぼ全組合員に相当する約六七〇〇筆の署名を集めた。

一九七四年一二月の団交では、会社側から〇・八二か月の上乗せと翌年度の分割支払いの回答が出された。西友労組は要求とは異なる形態であるものの、支給額へ理解を示して受諾を決定し、中賃初年度分の格差是正が達成されたと宣言した。

「中期賃金計画」の挫折

だが、一九七五年度の春闘に突入すると、中賃協定に基づく計画策定の段階で早くも労使の足並みが乱れはじめた。

一九七四年度はかろうじて中賃どおりの結果を得たと言えるものの、交渉過程で労使の見解が対立していた。たとえば、一九七五年度計画上の格差数値に対し、完全に格差是正を履行すべきとする労組側と、おおむね接近させるとする会社側の言い分が違っていた。団交の位置付けは、賃上げの水準を交渉する場ではないとする労組側と、交渉の余地はあるとする会社側の食い違いもある。さらには、冬季一時金でも年間三分の一の格差が是正されない場合は、中賃の枠が四年間あることから四分の一の是正もあり得ると会社側が主張した。

そのまま一九七五年度春闘が幕開けとなり、一九七五年二月二一日、第一回団交が開催された。これに先立ち、一九七四年に堤清二が経営のテコ入れのため社長に復帰したことで、経営陣が強化されていた。

会社側は、再び強硬姿勢になり、経営状況の悪化を理由に、一九七五年度は格差是正の目途が立たないとして、格差を拡大させないとしながらも、中賃の一時棚上げと一九七八年度を最終年度としたい旨を申し入れてきた。これに対して労組側は、中賃凍結は実質的には協定破棄であり、協定どおりの続行を要求して申し入れを拒否した。そこで会社側は、協定破棄ではなく内容の一部改訂である、として撤回を迫り争った。中賃は早くも揺れ始めた。

その後の団交でも労使の主張は平行線のままであった。しかし、労組が決起集会と池袋一〇〇〇人デモを設定して臨んだ一九七五年四月二二日の第八回団交では、会社側が譲歩をみせ、五月七日に妥結した。中賃に関しては、一九七五年度は格差が拡大しない格差指数一〇八・八以内に収め、引き換えに一九七六年度は二分の一是正、一九七七年度は残余格差を解消することで決着した。

一九七六年度は、前年度の格差是正の検証から始まり、中賃合同委員会では、比較対象他社に対する格差は約一〇七・八であり、格差是正が進行中であることが確認された。

だが、再び問題が浮上した。二分の一の是正とは、この実態格差一〇七・八の半分で一〇三・九とするのか、前年度目標だった格差の一〇八・八の半分で一〇四・四とするのかが焦点となった。また他社のデータがさらに入手困難となりつつあった。一九七六年度も、会社側が当初賃上げ五〇〇〇円という低額を提示するなど波乱の幕開けとなった。

西友労組は、その後の賃上げと夏季一時金で妥結し、冬季一時金は中賃協定に拘束された形で交渉することになった。西友労組は、冬季一時金は他社の別交渉方式がまちまちで対象者も異なるなど、中賃のデータ検証の難しさや常に流動的な結果となることなどを再び痛感した。

こうして一九七六年度の一時金交渉が終結した時点で、労使の中賃に対する態度が変わり、デメリットに関する議論が増えてきた。一九七七年度春闘の時点で、中賃は大きな転機を迎えたと位置付けられた。中賃の精神は活かすとされながらも、通常の労使の自主的な賃金交渉に移行しはじめ、導入時は画期的であったはずの中賃は尻すぼみとなった。

以上のような西友労組の賃上げ交渉を労働者の立場からどう見るべきであろうか。ダイエー労組と長崎屋労組という高賃金政策をとる会社の労働者と対置させると鮮明になる。ダイエー労組も長崎屋労組も、長時間労働と引き換えの高賃金が顕著になってきた。それを望むと望まざるとにかかわらず、その関係が固まりつつあった。

西友の労働者たちは、業界大手水準に至らない賃金というだけでなく、同業労組で定番となりつつあった様式が欠如していることを痛感したに違いない。しっかり働きしっかり稼ぐというダイエーや長崎屋の労働者が目に入るからこそ、あれほど賃上げにこだわり粘って交渉したのである。交渉の敗北自体が問題なのではなく、労働者の違和感による不満や不信の方に目を向けるべきである。その点で西友はガラパゴス化していた。

すなわち、堤清二は労働組合必要論者で知られるが、労働者の交渉相手としてはある意味で特異であり、徹底的に低賃金を追求するタイプである。そこには、経営者のむき出しの執着がみられ、労働時間だけでなく賃金を加えて二重に苦悩する労働者の姿がある。

ユニー労組の営業形態統一問題

ユニー労組は、ほていやと西川屋チェンの会社合併の余波により、結成直後から手痛い洗礼を受けることとなった。店舗の看板はユニーに統一されたものの、労働者からみれば実質は依然として旧二社が残ったままであった。店舗運営を担う販売会社は、旧ほていやの関東ユニーと中部ユニー、旧西川屋チェンの東海ユニーの三販社体制となったからである。

また、三販社になってから大量の新卒採用を開始したが、新卒以外の労働者の旧社間の異動は皆無であったことも災いした。要するに、ユニー労組内部の実情は、実質的に組合員が二分され、交渉相手は三分されていた。

ユニー労組結成直後の冬季一時金交渉では、旧社で獲得一時金の月数や金額が異なっていたため、組合員の要求の足並みが乱れて調整に行き詰まる波乱のスタートとなった。いわば合併後遺症に悩まれることになったが、労働時間面で困難を極めたのが営業形態の統一である。省略して「営形」と呼ばれるこの問題も、旧二社時代のいわば負の遺産であった。

営形の中心課題は営業時間と定休日であるが、ほていやは、年中無休で毎日二〇時まで営業して、業界の先頭を走るダイエーの向こうを張って年中無休と一九時までの営業を売りにしていた。だが、西川屋チェンは毎週水曜日を定休日として、一八時三〇分までの営業を堅守していた。

営形の差は歴然としているが、同じ会社になれば統一せざるを得ない。そう主張するユニー労組の要求に会社側が応じて団体交渉事項となったが、団交では労使の意見が分かれた。

ユニー労組は、当然営業時間が短い西川屋チェンの水準に合わせることを提案したが、会社側は拒否した。西川屋チェンの営業時間までは至らないが、ほていやの営業時間よりは短くする、と会社が主張する折衷の範囲のなかで揺れ動きながら折衝が重ねられ、決着がつかなかった。

しかし、一九七一年四月から団体交渉をはじめ約二〇回の団交を重ねた結果、ようやく労組側が譲歩する形で一九七一年八月より営形を統一することを合意した。すなわち、定休日は月二回で第二水曜日と第三水曜日となり、営業時間については、四月から七月までが一九時閉店、その他の月は一八時三〇分閉店とした。ただし一二月歳末期は一九時閉店を標準とした。

また、こうした標準に店舗特性を加味し、年間を通して一九時閉店のAタイプ店、同一八時三〇分閉店のDタイプ店などと区分して運用した。さらに、正月三が日は全店定休日で合意して組合員の悲願がかない、大きな山を越えたかに見えた。

ところが、この労使合意で妥結する前にユニー労組内部が大きく割れた。労組執行部はよくやった、と評価する一方で、やはり旧西川屋チェンの労働者の憤りはなかなか収まらなかった。営形問題は完全に収束できず、協定化は妥協の産物であった。労組幹部は、労働条件が悪くなるのを放置するのか、と主張する旧西川屋チェンの労働者の声を代弁して口々に叫ぶ支部長たちに詰め寄られ吊し上げられた。

「毎週の定休日が削られ、営業時間が長くなるじゃないか。労働時間も長くなるだろう」
「今までより労働時間が長くなる。いったい何のために営形統一したのだ。それなら、そもそも何のために合併したんだ」

労働者が感じた矛盾

ユニー労組は、ようやく営形協定の締結に漕ぎつけたものの、労使ともに全面的な合意があるわけではない。このため、脆さが潜んでいた。以後も毎年のように交渉し、協定が改訂されることとなった。この過程でユニー労組は、合併会社を運営していくための力量が会社側に不足していることを意識しはじめ、また不信感を高めていった。その後も、会社側の経営陣が一枚岩ではなく、リーダーシップが欠如しており、組合員にとって大切な事項を軽視する対応が立て続けに露わになった。

たとえば、一九七四年八月、労使で一九七三年度の成果配分について交渉している最中、会社側が役員以外の管理職の一部（利益管理者）だけに成果配分を実施した。これにより、ユニー労組は会社側の労使関係に対する意識の低さを痛感した。利益が上がった時に一部とはいえ会社側が一方的な判断で成果を配分する事実は、利益が上がらない時に労組を通じて組合員に協力を求める態度とは矛盾する。そのため、意見書を出して反省を迫った（**図表2－4**）。

図表 2-4　ユニー労組が会社へ提出した意見書

昭和 49 年 11 月 2 日

ユニー株式会社
代表取締役　高木久徳殿

全ユニー労働組合
中央執行委員長　横江康秀

利益管理者に対する賞与についての労組見解

去る 8 月 10 日に、利益管理者に対して、昭和 48 年度決算結果から賞与が支給されたことについて、下記の見解をもつものです。

記

1　今回の処置は税引前利益の一定比率の配分であり、税引前利益は果実です。果実が予定量に達し、あるいは予定量をこえた部分は成果であるといえます。
この成果に対して、その配分を制度化すべく、従来から労使関係において協議が継続されてきております。昭和 48 年度決算期である昭和 49 年 2 月 20 日においても、今回の賞与が支給された昭和 49 年 8 月 10 日においても、成果配分制度は労使関係事項となっていたはずです。
しかるに今回、会社側の一方的な判断で利益管理者と言う特定少数者である社員に対し、成果に対する配分がなされたことは、その性格から法的には実施しえたとしても、労使間で成果配分制度を決めるための協議の途上でもあったことから、極めて納得しがたい行為であると判断するものです。

2　利益管理者という名称とその範囲についても、私たちのとらえ方をはっきりさせたいと考えます。今回の処置によって会社側は労組法にいう「労組に加盟することにより適法資格をもつ労働組合とみなしえない団体となるところの経営者と一体である使用者の利益を代表する者」を自ら規定づけたといえます。

3　今一つは労使関係に対する見方、考え方です。経営の実態においてとられる経営上の措置は多々あろうかと思いますが、私たちは、従来、労使関係を相互に協力する分野は極めて多いととらえ、共通の認識と理解を保持するために、話しあいを基礎にする考えで臨んできました。中央・支部を通じて、相互の共通認識にたつための努力も行ってきました。必ずしも私たちにとって満足しうる労働条件ではないとしながらも、理解できる分野で妥結をみたことも少なくありません。
経営側においても、同様なことはいえようかと思いますが、業績が不調な時は組合員に対して労働条件に影響を及ぼすほどの政策がもたれ、業績が順調な時は経営側の一方的判断で特定者に対して賞与が支給されるという事実があったことは、私たちは労使関係上における厳正なる事実としてとらえます。
こうした事実をみるとき、私たちは労使関係のあり方について、深い疑問をもつと同時に、私たちの今後のとり組みについても、今一度過去を振り返りながらも、見直しの必要を痛感せざるをえません。

以上

長時間労働を含め懸命に働くのに、思うように賃金を獲得できない。労働者たちが憤るこの矛盾は、反対に考えれば、賃金を獲得できるならば、長時間労働を厭わないという態度である。こうした態度がこの時期に強固に発現していることがわかる。

また、一九七四年一〇月、中部地区の店舗では、会社側が管理職を通じて、組合員に対して一方的に店内清掃など社外作業の一部を担うよう指示する事態が発生した。これも長時間労働や労働強化につながる。店内清掃は全面的に外部委託による作業を続けてきたが、経費削減を図るために月二回の定期清掃は従前どおりとしながらも、それ以外の日常的な店内清掃を店内労働者にさせるべきとの判断であった。

「これから毎日、店内やトイレは清掃会社ではなく、皆さんが自ら掃除することになる」

各店舗の朝礼で、店長の思い付きのような突然の指示を聞いて驚いた労働者たちは激怒し、労組への問い合わせが殺到した。ユニー労組が猛烈に抗議した結果、人事部長名の謝罪文が出され、取扱いが労使で検討されることとなった。

さらに、一九七四年一一月より新しい制服への切り替えが発表されていたにもかかわらず、新制服の貸与が大幅に遅れる事態となった。当初は一週間程度の遅れが予測されると説明があり、これも会社側から早々に謝罪文が出された。だが、実際には約一か月間も遅れたため、制服貸与期間で折衝してきた内容を白紙に戻すこととなり、改めて謝罪文が出されたが以後も紛糾した。

こうした一連の意見書と謝罪文のやり取りのなかで、会社側の意識の低さに直面し、当初は疑問符を付けていたユニー労組の態度は、次第に焦燥感や警戒感に変わりつつあった。その最中に肝心の営形問題でさらに大きな問題が発生する。

続発する協定違反

ユニー労組は、一九七二年に早くも会社側の営形協定違反に直面した。一九七二年一一月、関東ユニー傘下の衣笠衣料センターが定休日に営業するという信じられない事態が発生したのである。営形問題が深刻であることを示す象徴的な事件であった。経過を追ってみよう。

一一月一八日、ユニー労組は、関東支部分会長会議にて、一人の分会長（店舗の労組代表責任者）の信じられない発言が飛び出した。

「一一月一五日に衣笠衣料センターが定休日にもかかわらず営業を行っていたという噂が流れている。真偽はどうなのかただしたい」

この席上で、当の衣笠衣料センター分会長は、「そんな事実はない」と即座に否定した。だが議長は、この分会長にもう一度事実を調査するように指示した。一一月二一日に開催された分会長会議では、衣笠衣料センター分会長が、再び営業の事実を否定する報告を行ったものの、営業目撃情報を無視するわけにはいかず、この問題を関東支部執行委員会へ移すこととして、再度の調査が実施された。その結果、営業していた事実が確認されたのである。

関東支部執行委員会は、会社側の関東ユニーへ緊急労使協議会を申し入れ、支部調査結果に基づく証拠を提示しつつ、衣笠衣料センターでの営業の事実確認と対処を求めた。

一一月二五日開催の労使協議会において、当初営業の事実を否定して事実確認を渋っていた会社側が再調査を実施し、営業の事実が確認されれば速やかに懲罰委員会を開き、当事者の処分を決定して労組側へ報告する、と回答した。

一一月二六日、早くも会社側から労組関東支部委員会へ報告書が出され、翌二七日に支部執行委員会が対処を検討した。だが結論に至らず、ユニー労組中央執行委員会に上程された。

この衣笠衣料センターの営業は、同店の業績悪化を懸念した管理職たちが強行したものであった。ユニー労組と関東ユニーで締結した営形協定を無視した違反営業である。ユニー労組は、こうした局所的な違反が露見したことを踏まえて、従来より要求してきた販社ごとの営形協定ではなく、全販社統一協定への切り替える必要性を痛感した。

その後、労組は営形協定の完全な遵守を目指す活動を続けたが思うようにいかず、追い打ちをかけるように時間外勤務協定違反をめぐる攻防が発生した。一九七四年一一月、北陸地区の店舗から時間外勤務協定違反が報告されたため、ユニー労組中央執行委員七人が現地へ乗り込み、北陸地区全店舗の調査を実施して事態の解明を急いだ。その結果、時間外勤務協定が完全に守られていない実態が明らかになり、しかも各分会の対応はまちまちであった。

たとえば、北陸事務運営部では九時始業で一八時終業と定められていたにもかかわらず、女性組合員が八時一五分に早出し清掃したり、始業前に朝礼を開始していたことが発覚した。また、福井ショッピングセンター（ＳＣ）や高岡ＳＣではチェッカーのローテーションが実施されていないため、サービス残業が常態になっていた。

ユニー労組は北陸地区での調査を続け、協定違反と管理不備を詳細に把握した後に、会社側へ違反内容を通告して厳しい処置を迫った。その結果、一九七五年二月の労使協議会では、会社側が独自の調査結果に基づいて提出した謝罪表明と処分案に労使が合意した。あわせて、二年間にさかのぼって時間外不払い分、休憩時間や食事手当分などが支給されたことで、事態をいったん収束させた。**（図表2－5）**。

さらに、ユニー労組は、営形協定をめぐる攻防で大店法の影響を受けていた。当時の最新営形協定の期限が終了する一九七五年二月二一日以降の営形に関する激しい労使交渉が重ねられ、一九七四年八月までに営形改訂案を決定する計画であったが、大店法に阻まれる形で一九七四年一一月まで延期されたのである。

大店法は業界横断的に営業時間を決定するものではなく、営形は各労使のみならず、各地域の

図表 2-5　時間外勤務について会社側の調査に基づく謝罪表明と処分案

時間外勤務の協定違反についての顛末書

昭和 50 年 2 月 20 日

全ユニー労働組合
中央執行委員長 横江康秀 殿

株式会社中部ユニー本部長
高木久徳

北陸地区時間外勤務の協定違反について

みだしのことにつきまして，昨年末に貴組合からご指摘を受け，その後，会社として調査致しました結果，誠に残念ではありますが，「時間外勤務および休日勤務に関する協定」に対する違反事項が判明いたしました。

当地区の時間管理については，従前から問題点が潜在していたと思われることから，会社として明確な運用を期すべく，部長，店長などの職制に対し，正しい運用をいたし，違反事項の起きないよう留意するよう指示して参りましたが，今回協定に抵触する運用がなされていたことが判明したことは，誠に遺憾に存じます。

ついては，今後において，再びかかる事態が起きないよう，各職制に対し，徹底をはかるとともに，今回かかる事態を引き起こした各職制に対して，別添の通り，厳重なる処分をいたすことを決定いたしましたので，お知らせします。

また，協定違反内容とその処理については，去る 1 月 18 日の協議で総務人事部長より申し上げた通りでございますことを併せてお知らせいたします。

記

1. 減給処分（1 日分給与の半額を 3 回にわたり減額）。併せて始末書を取る。
　●●●●　●●●●　●●●●　●●●●　●● ●
2. 譴責処分
　●●●●　●● ●　●● ●　●● ●　●●●●●　●● ●

協定違反に対する事後処置についての報告

1．時間外勤務が 20：15 を超えた場合の休憩時間の不算入，および寮生の残業食事代（夕食代分）
〈処置〉昭和 49 年 11 月 16 日から過去 2 年間に遡って支給する。
2．金沢 SC における伝票説明会における待機時間の扱い
〈処置〉待機時間を時間外勤務処理とする。
3．福井 SC のチェッカーおよび食品ドライ担当者が恒常的に終業時刻を超えていたが，時間外勤務処理がされていなかった点
〈処置〉①食品チェッカー，食品ドライ担当
1 日 15 分，ただし木曜，土曜各 30 分の割合で計算した額を過去 2 年間に遡って支給する。
②日雑チェッカー，洋品チェッカーは木曜，土曜各 15 分の割合で計算した額を過去 2 年間に遡って支給する。
4. 北陸事務運営部の清掃が始業時刻前に実施され，時間外勤務処理がされていなかった点
〈処置〉4 週間に 1 週の割合で，1 日 30 分を過去 2 年間に遡って支給する。
5. 高岡 SC の終業時刻後の就業に対し，時間外勤務処理がされていなかった点
〈処置〉基本的には過去 2 年間にわたり算定すべきと考えますが，基礎となるデータが存在しないことおよび個人別算定が困難な点から，当 SC 勤務者（社員）全員に対してお詫びの意味あいを含め，一律 1 万円をもって充当させていただきます。
6. 金沢 SC の棚卸開始時刻の協定違反については，管理者全員に厳重に注意いたしました。
7. 七尾 SC において営業時間延長時の特別手当が未払いになっていた点は，すでに処理いたしました。
＊上記事後処置については，3 月 20 日までに個人宛通知を行うとともに，個人の銀行口座へ振り込みさせていただきます。

商業活動調整協議会（以下、商調協）の意向を加味せざるを得ないためである。例えば、一九七四年一〇月に新規開店した豊明ＳＣでは、豊明市商調協の一八時三〇分閉店という決定によって、会社側が月四回定休と一八時三〇分閉店（ただし、年間三五日は一九時閉店）への営形変更を労組側に申し入れてきた。大店法では一八時閉店、月四回定休より長い営業をする届出案件では地元の審議を求めているからであり、商調協の意向が直接に営形に及んだ第一号店舗となった。同様に、碧南ＳＣ、加賀ＳＣ、知立ＳＣ、豊田元町店など、続々と商調協審議を経た営形が決定された。

こうした複雑さを増した営形交渉で、労組側の月四回定休と〇時開店一八時三〇分閉店の要求と、会社側の月二回定休と一〇時開店一九時閉店の主張とがぶつかったまま延期期間が終了した。次回営形協定の締結をめざす交渉再開を待つことになったが、労使の見解は一致をみるどころか、激しく対立して最大の危機を迎えた。

営形破棄で労使紛争へ

一九七四年一一月七日、ユニーの営形に関する労使交渉が再開された。営形協定の期限切れを視野に入れた営形の改訂を行うはずであった。ところが、労使の主張は平行線のまま進行し、一二月二日開催の第六回営形交渉では、会社側が新案を提出して物議を醸した。労使で決定される営形とは異なる営形を設定し、通産省へ出店届出を行う際に使用することへの合意を求めたのである。

この背景には、新規出店により商調協審議に入った場合、届出条件となる営業時間が削減される傾向が強いことがある。しかし、ユニー労組は、こうした削減分を見越した安直ないわばサバ読み要求案に反発し、無用の密約は回避すべきで、届出は現行形態もしくは労組が要求する形態で要求すべき、と主張した。会社側の力量に再び不安を覚えながら以後の営形交渉が継続された。

年明け一九七五年一月二九日の第七回営形交渉では、この不安が的中した。旧営形協定の期限が迫るなかで、労組側が定休日と終業時間で譲歩する態度を見せたものの、会社側は従来の年間二三日の定休日と一九時閉店の主張を曲げず散会となった。二月八日の第八回営形交渉でも進展はなく、同様の結果となった。いよいよ営形協定の期限切れ一日前の二月一九日、最後の機会となる第九回営形交渉では、労使の主張が一致せず営形の協定化には至らず決裂してしまった。

無協定のまま営業が続くことになる事態を迎えたユニー労組は、会社側にさまざまな申し入れを行って一部で譲歩案を提示したが、一切受け付けられなかった。

営形協定が失効したため、時間外労働の根拠がなくなる。組合員たちの動揺が始まったため、労組側はやむを得ず当面の暫定的な営形協約の締結を持ちかけたが、会社側はこの提案にも応じない。ユニー労組は、会社側へ営形協定の失効によって時間外労働は無効となり、組合員に時間外労働を行わせたら「労働基準法」違反になる旨を通告した。

しかしながら、労組側の譲歩を絡めた粘り強い働きかけの意図を無視するように、会社側は暴挙に出た。三月一日、藤岡SC、三島SC、吉原SC、磐田二店舗、浜松二店舗、泉町SC、金沢SC、新岐阜店、さが美（呉服チェーン）の店舗など多数の店舗で、一斉に一九時閉店を強行したのである。

ユニー労組は意を決して、当該分会の組合員へ時間外協定の失効による時間外労働拒否と一八時四五分退店を指令して抗議活動に入り、労使はそれぞれの主張を曲げず激しく対立した。

同時に、ユニー労組は同日の三月一日に愛知県地方労働委員会へ提訴して争議態勢に入り、地労委から労使への聴取が開始された。その直後には、商調協審議決定を経たはずの関東地区の三店舗の営形が、商調協審議途中で未定であったことが判明し、事態はさらに紛糾した。各店舗で組合員に対する会社側の一九時閉店の説得や強要が発生し、現場では営形をめぐる混乱が続いた。

こうしたなかで三月六日に地労委のあっせん案が出され、一九時閉店を強行した店舗の復元やシフト制勤務の解決など、労組側の主張が全面的に認められる結果となった。労使がこのあっせん案を承諾し、ユニー労組は、これ以上の混乱を避けるために、営形協定の締結への道筋をつけて紛争状態をいったん回避させた。一九七五年七月に大筋で合意した営形協定が締結され、ようやく紛争が終結した。

以上のように、一九七〇年代のユニーでは、労使協定が締結されているにもかかわらず、それに違反することを厭わない会社の強硬な態度がみられる。形式上は営業時間の問題だが、労働者の長時間労働を強要する意図が手に取るようにわかる。この背景には、たとえば、ダイエー対ユニード、イトーヨーカドー対西友などの各地域での夜間営業合戦が見られ、消費者の奪い合いが熾烈になっていたことがある。経営者にとって、それほど雇用した労働者を長時間労働に留め置くことが重要課題なのである。

そこにも、労働時間と賃金の取引があることは容易に推測できる。ユニーは先に取り上げた西友労組の苦悩が例外であるかのように、賃金交渉が難航しなかった。しかし、ユニー労組では話はそこで終わらず、会社側への不満がくすぶり続け、社長辞任要求にまで発展したのである。

長崎屋の労働者の生活実感

労働時間に関する追跡が続いた。ここで再び賃金に着目しよう。すでに西友労組の賃金交渉の例をみたが、その西友の労働者たちが羨望の眼を向けていた時期の長崎屋労組の賃金交渉に注目しよう。

長崎屋労組の「組合員意識調査」を利用して労働者の生活実感を確認しておこう。長崎屋労組の最初の組合員意識調査は、労組結成直後の一九六九年一二月に実施された。「労働組合があって良かったと思いますか」という設問に、八割超が良かったと回答している。「仕事の段取りや人員の配置で問題があると思いますか」との設問で、約六割が問題ありと回答した。

その後は職場や組合員の状況を点検するための賃金や労働時間に関する調査に腐心しているが、それら以外では、店食（店内食事・食堂）の実態と意識にかんする調査を積極的に実施した。長時間労働を続ける労働者は、店内で二食、あるいは三食をとる。月給から天引きされる食費額、食堂の設備、利用時間帯、混雑状況、メニューなどの店食問題は、寮や社宅と並ぶ最重要事項であった。

一九七〇年代に入ると、職場の点検、生活実態などが積極的に調査された。例えば、一九七三年には、「女性組合員勤務状況調査」を実施している（回答四三支部一四八八人、回収率五二％）。主な結果は図表の通りである。**（図表2-6）**

多数派である女性組合員の住居や通勤などの現状把握のほか、残業時間と睡眠時間、仕事状況と満足度などに焦点を合わせている。とりわけ、レジ担当者とキーパンチャーには詳細にたずねている。当時業界には腱鞘炎問題が発生しており、職業病対策のために情報を収集する意図もあった。

その後の組合員意識調査のなかで目を引くのは、一九七八年の意識調査である。自分の仕事の将来性について「おおいにある」が三・四％、「かなりある」が二三・七％と、肯定的な回答がじりじりと減少しはじめていることである。長崎屋労組が強力に取り組んだ結果、高賃金政策が続いた一方で、出店ペースが落ち、徐々に経営状況への不安が顔を出すようになっていた。

長崎屋労組は、生活実感の開示に積極的であったと言える。たとえば、機関紙上に労組役員の

図表 2-6　長崎屋労組女性組合員の勤務状況調査

住居	%
寮	23.4
社宅	4.8
アパート	19.9
公団住宅	4.3
自宅	39.7
その他	6.8
回答なし	1.1
通勤方法	**%**
電車	31.5
バス	40.0
徒歩	25.2
その他	3.3
回答なし	0
通勤時間	**%**
10分以内	14.7
20分以内	33.1
30分以内	31.3
45分以内	16.3
60分以内	7.3
60分以上	7.5
回答なし	0.8
通勤疲れ	**%**
疲れない	51.8
少し疲れる	42.1
ぐったりする	5.0
回答なし	1.1
睡眠時間	**%**
6時間以下	12.6
6時間半～7時間	42.7
7時間半～8時間	38.5
8時間半～9時間	5.3
9時間以上	0.5
回答なし	0.4
睡眠の状況	**%**
十分である	61.5
不十分である	27.4
わからない	9.2
回答なし	1.9

仕事	%
レジ	25.8
販売	54.2
事務	11.6
サービス	0.7
キーパンチャー	2.9
電話交換手	2.6
その他	1.1
回答なし	1.1
現在の仕事期間	**%**
0～3か月	7.7
4～8か月	19.3
9か月～1年	7.0
1年以上	64
回答なし	2.1
1か月の残業時間	**%**
0～5時間	64.6
5～10時間	5.4
10～20時間	0.9
20時間以上	0.3
回答なし	28.8
代休の消化	**%**
完全に消化	85.9
ほぼ消化	8.1
全く消化できない	0
回答なし	6.0
1年間の取得生理休暇	**%**
0日	66.3
1～5日	7
6～10日	4.2
11日以上	1.6
回答なし	20.9
仕事への満足	**%**
満足	33.6
不満	27.4
わからない	31.6
回答なし	7.4

以下、レジとキーパンチャーに限定	
レジの機種	**%**
NCR	50.1
スエダ	28.8
その他	9.6
回答なし	11.5
1日の打鍵時間	**%**
5時間未満	42.9
5～6時間	3.4
6時間以上	40.7
回答なし	13.0
作業内容	**%**
打鍵のみ	10.5
打鍵と包装	69.0
その他	14.5
回答なし	6.0
作業姿勢	**%**
座っている	9.4
立っている	54.4
立ったり座ったり	32.9
回答なし	3.3
機械や環境の不満や悩み	**%**
やかましい	22.6
タッチが重い	18.0
冷房が強すぎる	11.7
その他	47.7
回答なし	0
作業の不満や悩み	**%**
作業量が多い	20.5
休憩がとれない	8.7
机が高い	4.3
その他	65.2
回答なし	1.3

（資料出所）『スクラム』1974年2月1日付より作成。

給与明細票を公開し、あわせて妻の談話を掲載している。それによると、一九七三年一二月の総収入は一〇万三六〇〇円である。妻によると、夫婦と生後七か月の子ども一人の三人家族で、毎月の給料は手取り五万五〇〇〇円~六万五〇〇〇円、疲れて帰る夫のためにと食事の買い物に出かけるが物価高で献立がすぐ変わってしまう。一〇〇円だったレタスや大根が二〇〇円以上になっているし、一〇〇円ほどで買えたトイレットペーパーが二二〇円もすると嘆いている。

一二月の家計簿をみると、米、パン、ミルク、公共料金、保険料、交際費、娯楽費、こずかい、雑費など締めて九万五二三二円となり、不足分を一時金で補っている。この怒りを一体だれにぶつければよいのか、と夫婦は憤っている。

長崎屋労組は、組合員の家庭から提出された家計簿を集計する手法で家計調査にも乗り出している。詳細な費目別の結果は割愛するが、たとえば、一九七五年一一月は、収入合計一五万九〇八〇円に対して、支出合計一五万三二八一円とほぼ収支はとんとんであった。だが、一九七六年一一月には、収入合計一七万六五五一円に対して支出合計は一九万四五四二円と赤字になっている。

この調査結果にかんして、長崎屋労組は、組合員の約三割が三〇歳前後であり、子どもが保育所へ行く年齢なので全体に家計支出額は低めになっている点、マイホーム取得は土地代や建築費が高く難しい点、家電製品やマイカーは所有しているが電気代やガソリン代の高騰が直撃している点、サラリーマンのミニ減税とセットになっている医療費、鉄道およびバスの交通運賃、電話料金などの値上げの負担が大きい点などから、目にみえない貧困状態であるとコメントを出している。

さらに、生活ぶりを語る全国の組合員の意見を公開している。一部を掲載しておく。

「食料品、電気代、ガス代、教育費が上がり、給料から貯金するのは望めなくなった」（東京、女性、三〇歳、子ども三人）

「なんとか給料で暮らせていたのに、今年から毎月赤字が続きます。毎月貯金をおろして生活している状態で苦しい」（釧路、女性、二八歳、子ども一人）

「食料品が上がっても、毎月の赤字家計のなかで食費が一番切り詰めやすい。電気代、ガス代が上がっているので暖房を節約して使用量を減らしている。でも結婚以来、黒字になったことはありません」（平塚、女性、二七歳、子ども一人）

「住宅ローンの支払いの比重が大きい。食費も増えているが、五～七日単位でまとめ買いをしている」（御影、男性、三〇歳、子ども二人）

「食費の額が昨年と変わらぬように計画するのは成長期の子どもを抱えて大変なことだ」（和歌山、男性、三〇歳、子ども二人）

「食事で肉のウエイトが大幅に減。会社には弁当持参、昼間はほとんどテレビをつけず、ガス湯沸かし器の使用もせずがんばっている」（枚方、男性、二九歳、子ども二人）

露わにされている労働者の生活実態は何を示しているのであろうか。生活実感は職場での働きぶりとの見合いであり、その働きぶりも暗示している。高賃金で知られる長崎屋の労働者にとって、その高賃金という語感からみれば、決して楽な暮らしをしているわけではない。その間、確実に長時間労働を含む労働強化が進行していた。一九六八年は四三店舗、約二三二億円の売上げに対して、一九七三年には七四店舗、約一三六〇億円になっている。また従業員数は一九六八年約二〇五〇人に対して一九七三年約五五〇〇人である。ところが、事業規模が拡大する一方で、一人あたりの販売坪数は一九六八年の七・七坪から一九七三年の一四・三坪へ倍増しているのである。

つまり、長時間労働が当然視された職場で働く労働者にとって、短時間で賃金を減らすという選択肢はない地点にいたことがわかる。残された道は、賃金をより多く獲得することであった。長崎屋労組の「七四春闘」に立ち入ってみよう。

長崎屋の「七四春闘」

「七四春闘」で例外的と言える高い賃上げ率に至ったのは、石油危機によるインフレで生活環境が激しく揺さぶられていたからであり、当時の言い方をするなら生活防衛のためであった。このような大ショック下では、自らの働きぶりから賃金が逃げていくのを食い止めなければならない。したがって、賃上げ交渉は生活を守るだけでなく、働き方を守ることになる。だからこそ、賃金に向かう労働者たちの姿がよく見える。

一九七三年秋以降、石油危機が引き起こした物価急騰と成長減速によりモノ不足に陥り、便乗値上げも発生した。日用品を求めて主婦は朝から晩まで店を駆け回り、インフレ抑制に無策であった政府に対する怒りを強めた。全国の労働組合は、この非常事態にあって、それを埋め合わせる最大の大幅賃上げの獲得を最優先の目標かつ国民の課題とした。

長崎屋労組は一九七四年一月初旬、賃金交渉に臨む基本姿勢を発表し、職場の隅々から論議を巻きおこして団結と連帯の力による大幅賃上げで破壊的生活を切り抜けよう、と組合員に檄を飛ばした。さっそく一九七四年一月二二～二三日に、箱根高原ホテルで全支部の支部長と執行委員を集めた第一回全国支部長教育集会を開催し、「七四春闘」の問題提起、賃金交渉の内容、スケジュールの素案づくりが始まった。

この時点のナショナルセンターや主要な産別組合の賃上げ要求水準を拾うと、たとえば、春闘共闘委員会（総評・中立労連）は三万円または三〇％、同盟は二万五〇〇〇円または三〇％、IMF‐JCは基本賃上げ二万五〇〇〇円または二五％、新産別は標準労働者三万円、全繊同盟は定昇込み三五％プラスアルファ、鉄鋼労連は標準労働者定昇込み二万七〇〇〇円、合化労連は三万円、自動車総連は三〇％、私鉄総連は三万五〇〇〇円、商業労連は定昇込み二五～三〇％

などと高額高率要求となっている。

こうした情勢で、長崎屋労組が加盟する全繊同盟流通部会が要求方針案を高位かつ具体的に設定した（**図表2-7**）

一九七四年二月二〇～二一日、長崎屋労組は東京都港区の機械工具会館で第二回全国支部長教育集会を開いて要求原案を提示し、その説明と質疑応答を重ねた。原案は、初任給、本人給ベースアップ、職能給ベースアップ、定期昇給の他、勤続給の新設、資格手当、家族手当、住宅手当、単身住宅手当、昼食補助手当、職種手当など広範囲で増額をねらった重装備の要求内容であった。しめて合計三万三九七円プラスアルファ、三七・七％プラスアルファの賃上げ要求案である。

これを受けて、三月一三～一四日に臨時大会を開催してさらに討議した。労組結成以来、もっとも多くの議論を重ねたとされるこの大会では、「生活防衛と企業防衛が対立する」「日本企業の成長に合わせた賃金決定の前提条件が転換する」「労組の社会的責任を問うことになる」といった三点が強調されている。

各支部から集まった代議員は広範な要求案に対して次々に意見を述べ、要求をさらに補強するよう迫った。一部を紹介しよう。

「職務がはっきり区別されているわけでもないのに賃金格差がありすぎる。また年一回の昇格では不満である」

図表 2-7　全繊同盟流通部会の要求方針案

①初任給
高卒・最高地区　6 万 7000 円（地域格差 5000 円）
大卒・最高地区　8 万 2000 円（地域格差 5000 円）

②中間ポイント賃金
高卒 21 歳（勤続 3 年）・最高地区　7 万 9000 円
大卒 25 歳（勤続 3 年）・最高地区　10 万 9000 円
大卒 27 歳（勤続 5 年）・最高地区　12 万 4000 円

③年齢別最低保障
25 歳勤続 0 年（2 人家族）　家族手当込み 9 万円
30 歳勤続 0 年（3 人家族）　家族手当込み 10 万円
35 歳勤続 0 年（4 人家族）　家族手当込み 11 万円
40 歳勤続 0 年（5 人家族）　家族手当込み 12 万円

④割増率
時間外、休日割増率　35%
深夜割増率　70%

⑤夏季一時金
2.7 か月

⑥要求規模
定昇込み　37%（2 万 7000 円を基準）

⑦解決目標
世間情勢の推移をみて決定

（資料出所）『スクラム』1974 年 2 月 15 日付。

「本人給のアップ額に男女の格差をつけることに反対する」
「一時金は今後の物価上昇に合った月数かどうか疑問だ。分離要求ならば夏の一時金は少なすぎる」
「昼食補助手当の増額だけでなく、店以外の本社にも店内食堂をつくるべきだ」
「社宅制度が完備していないのなら、もっと住宅手当を見直して欲しい」

こうして最終的に三万九四八円プラスアルファ、三八・四％プラスアルファを要求額として決定した。賃上げ要求は翌三月一五日に会社側へ提出し、第一次回答日は三月二二日とされた。なお、この臨時大会は全繊同盟流通部会長下田喜造が参加して争議行為の指導を実施しているから、ストライキを想定していたことがわかる。夜間に長時間をとり、交渉が決裂した場合にはストライキ権を確立し、第一波ストを打つところまでシミュレーションを行っていた。本部と支部の準備態勢や当日のスト編成など細部にわたって確認するとともに、グループ単位での討議を重ねる念の入れようであった。

労使交渉が開始された後、会社側から社内報に高すぎる賃金要求を問題視する労務部長名の記事が発表されたため、長崎屋労組は、会社側の団体交渉軽視の態度を感じ取って色めき立った。

一九七四年三月二〇日、東京都千代田区の久保講堂で賃闘勝利総決起集会を開催し、五〇〇人の組合員を集めて要求の貫徹を誓った。この集会では、組合員たちに団交の模様を伝えるため、全文協（全国文化運動協会）劇団こだまが長崎屋の模擬団交を演じるなど、新味のある手法が採用されている。

長崎屋労組の団交の推移を追うと、三月二三日の第一回団交、同二四日の第二回団交、同二七日の第三回団交、同三〇日の第四回団交、四月二日の第五回団交と進んだ。だが、長崎屋労組はいずれの会社側回答に対しても、要求の基本的考え方を満たしていない、として拒否を続けた。

四月四日の第六回団交で、自主交渉の打ち切りに打って出た後は、ただちにスト権投票に入り、組合員数四八九七人、投票総数四五八八人、賛成四四三八票、反対一〇五票、無効四五票で、組合員総数に対する賛成が九〇％超となり、スト権を確立した。

四月九日の第七回団交でも解決せず、長崎屋労組はついにワッペン着用と時間外就労拒否態勢に入ってスト通告を行い、一三日に始業から一三時までの第一波時限スト、一四日に第二波全支部全面ストを確認した。

ここから会社側の対応は素早く、四月一一日午前から第八回団交に入り、休憩時間を挟み再開後の一二日午前に第四次回答が出され、この上積みをもって妥結に至った。妥結額は、賃上げに限ると二万六四九二円プラスアルファ、三三％プラスアルファであった（**図表2－8**）。

長崎屋労組の「七四春闘」は激しく、また職場の不満を吸い上げて幅広い内容を要求していた。生活防衛を掲げて、生活を優先に考える機会であったと言えよう。ただし、そのために徹底的に賃金や手当を獲得する姿のなかに、生活を優先するために、長時間労働で猛烈な仕事ぶりを見せ

図表 2-8 長崎屋労組・74春闘の要求と妥結（平均）

項目	要求			妥結		
	計	男性	女性	計	男性	女性
ベースアップ	2万4012円	3万3665円	1万8082円	1万9073円	2万7081円	1万4154円
定期昇給（勤続給を含む）	3050円プラスα	3901円プラスα	2460円プラスα	3367円プラスα	3901円プラスα	3038円プラスα
資格・役職手当	793円	1839円	150円	966円	2294円	150円
家族手当	1029円	2523円	111円	1028円	2523円	111円
住宅手当（単身住宅手当を含む）	1224円	881円	1433円	916円	862円	949円
昼食補助手当	156円	284円	76円	156円	284円	76円
職種手当	31円	10円	43円	31円	10円	43円
地域手当	319円	0円	515円	381円	0円	615円
体系是正分（見直し）	334円マイナスα	429円マイナスα	276円プラスα	574円プラスα	935円プラスα	362円プラスα
合計（額）	3万948円プラスα	4万3532円プラスα	2万3146円プラスα	2万6492円プラスα	3万7890円プラスα	1万9498円プラスα
合計（率）	38.37%プラスα	38.73%プラスα	37.83%プラスα	33.0%プラスα	33.7%プラスα	31.9%プラスα

（資料）『スクラム』1974年3月23日付、同4月15日付より作成。

る労働者の要求がますます賃金へ集中していったことがわかる。

賃金と一時金の軌跡

長崎屋労組は、結成から一〇年後の節目に一九七九年度に活動の自己評価を行った。組合員の回想が労組結成前の状態を物語る。たとえば、棚卸時の残業は長時間にわたって閉店後翌日の二時～三時までかかり、同日の九時前から開店準備に入っていた。また、大みそかには店内放送で紅白歌合戦が流れていたという。労組の結成でまずは労働時間が短縮されたが、その後は大幅な時短に進んだわけではない。

一方、賃金と一時金について、一九六

九年度一九七九年度の比較結果を抜き出すと、平均賃金は一九六九年度が男性五万二一六円、女性二万六七〇五円に対して、一九七九年度は男性二六万二九六〇円（五・二四倍）、女性一二万三二八六円（四・六二倍）である。

初任給は一九六九年度男性三万三〇〇〇円、女性二万三〇〇〇円に対して、一九七九年度は男性一一万二五〇〇円（三・四一倍）、女性九万一五〇〇円（三・九八倍）、年末一時金は一九六九年度が男性一四万六六三二円（三・一か月）、女性七万九九六円（二・八か月）に対して、一九七九年度は男性七〇万二〇四九円（三・二か月）、女性三四万九〇四二円（三・六か月）となっている。

長崎屋の労働者たちは、長時間労働を続けながら、優先的に賃金の獲得に努力を集中し、それを実現してきたのである。

ストライキ戦術を多用したイズミヤ労組

チェーンストア労働者の賃金交渉への傾注を示す別の例として、イズミヤ労組を取り上げたい。小売労組がストライキを打つのはきわめて珍しい。かつて「三越にはストもございます」との流行語も生まれた一九五一年の三越争議をはじめ、一時は百貨店労組のストが多発したが、一九六〇年代前半にはほとんどみられなくなった。また、チェーンストア労組のストはさらに少なく、全ダイエー労組など一部の労組の時限ストに限られていたとされる。

ところが、イズミヤ労組は、知る人ぞ知るスト戦術を多用する労組であった。イズミヤ労組の初期活動の特徴はスト戦術に尽きるといってよい。チェーンストア労組のストライキを観測する最後の機会かもしれない。

イズミヤ労組は結成後、積極果敢な活動と交渉を続けてきた。一九七一年以降、基本給体系の協定化、基本的労働条件に関する労働協約、定年制協定、退職金協定、異動出向協定などを立て続けに締結し、諸制度の整備に成功した。同時に、宿日直制度の廃止、タイムカードによる時間管理の導入、棚卸協定の締結、一二月定休日の導入、指定休体制の実施、週休二日制協定の締結、一二月三一日の一八時三〇分閉店など、次々に労働時間の改善を進めた。

これらはすべて、従来のイズミヤの労働条件が劣位にあったことの裏返しである。また会社と業界の高成長が支えたところではある。だが、ある程度まで制度ができると、徹底的に賃金交渉に集中した。イズミヤ労組は劣位を一気に覆すかのような大幅改善に取組み、一九七〇年代前半の賃金交渉は、業績不調の一九七二年を除いて三〇%超の賃上げを達成したのである。

高揚したイズミヤ労組は、争議戦術を駆使した。早くも一九七一年春闘においてリボン戦術や指定拠点の時間外拒否に踏み切っている。二つの店舗で強行された時間外拒否では、客観的にみれば組合員の全員が既定の時間どおり休憩に入っただけである。ところが、売場が大混乱して客からの苦情が殺到したため、むしろサービス労働によってかろうじて支えている売場の実態が露わになった。

また、イズミヤ労組は長きに渡って商業労働者が甘受してきた前近代的な労務管理の残滓《ざんし》を実感した。一部のリボン戦術から全支部での全面リボン戦術へ切り替えた直後の団体交渉では、激高した会社側発言で口火が切られた。

「君たちは小売業に従事する者の社会的使命を、すでに放棄したのかどうかを、最初に聞きたい」

この発言に労組側は怒声で応じた。憲法で認められている争議権すらも労働者の権利として行使しにくい現状を直感したイズミヤ労組は、外観は近代的なチェーンストアになったとしても、労働者の社会的地位の向上は依然として会社側に阻まれていると解釈した。

労働者は使用者に酷使されるだけの存在なのか。イズミヤ労組は、一九七一年春闘後に、賃金交渉では労使の論理が空転し、賃金の上積みを獲得できないまま要求を譲歩するのか、それとも新たな決意をもって交渉できる組織力を作り出すかの選択を迫られている、と総括を行った。この新たな決意こそが、ストライキを多発させた原点とみられる。

年中行事となったストライキ

現状を打破しようとますます戦闘的になったイズミヤの労働者たちは、闘争レベルを上げ、一九七二春闘では全員がワッペン着用で労組要求を強烈に会社側へ示す行動に出た。あわせて、全店で一〇分間集会を実施した。分散して短時間の集会は、チェーンストアの特性上、店舗間に距離があり団結行動が取りにくいことへの対応策であった

一九七三年春闘において、イズミヤ労組は決起集会や街頭デモを実施するとともに、はじめて各支部でスト権投票に入り、一九七三年四月一九日に賛成票九六％で確立した。

その結果、四月二一日の団体交渉の結果をにらみ、翌二二日の指定拠点での三〇分間の時限ストを計画し、実際に六支部（野田店、尼崎店、庄内店、神戸店、伊丹店、西宮店）でストライキに入った（**図表2－9**）。二三日には、スト支部を増やして戦術拡大をねらう第二波ストを計画中に妥結に至った。

労働者たちの要求実現に手応えを感じたイズミヤ労組は、続く一九七三年秋闘でもストライキを打った。臨時大会で人事異動、営業時間短縮、年末年始営業、週休二日制、増員、共済会負担、母性保護、名古屋地区店舗の完全定休制など、多数の項目に関する要求を決定した。名古屋地区は、現地でテナント出店している支部が、地元の事情によって一月二日の営業を強いられていた。

しかし、一〇月二八日の第一回団体交渉では、会社側はほとんどの要求項目に対して大きな隔

図表2-9　イズミヤ労組のストライキ

1973年	4月22日	6支部・30分間時限スト
	11月26日	5支部・30分間時限スト
1974年	4月11日	全支部・1時間時限スト
	4月19日	2支部・半日スト
1975年	4月13日	全支部・半日スト
	10月26日	全支部・1時間時限スト
1976年	4月11日	2支部・半日スト、全支部繁忙時2時間時限スト
	4月18日	全支部長・終日スト、支部役員・指名4時間・6時間時限スト

たりのある回答をした。このため、イズミヤ労組は、一一月五日から全支部でワッペンと腕章の着用を指令するなどの抗議行動に入った。

一一月五日の第二回団体交渉、一一月一一日の第三回団体交渉でも対立関係は変わらず、労組はスト権の確立による交渉を継続することとなった。一一月二四日、徹夜となった第四回団体交渉でも解決をみなかった。営業時間短縮の一部で合意に至ったほかは、人事異動、年末年始営業、週休二日制など、ことごとく決裂した。

イズミヤ労組はストライキを決断し、一一月二六日に五支部（茨木店、淡路店、長岡店、高槻店、末広店）で三〇分間の時限スト（一〇時三〇分～一一時）を打った。その結果、一一月二八日開催の第五回団交では会社側回答に改善がみられた。具体的には、一二月三一日の一八時三〇分閉店、年末営業手当の全員一律一万円上積み、一九七四年三月以降の隔週休二日制導入、年始時期の指定休日一日上積みなどがあり、名古屋地区では一九七五年以降は一月三日までの休日を獲得した。これらを重視したイズミヤ労組は妥結に至った。

この内容こそ、一九七〇年代前半のチェーンストア業界の年末年始営業の実態と、労働者の長時間労働を厳しく問う労働組合の姿勢を如実に伝える。この後も高揚したストライキ戦術による交渉の態勢は変わらず、イズミヤ労組は一九七六年まで毎年のようにストライキを繰り返すことになる。

イズミヤの「七四春闘」

一九七三年に初めてストを断行した余韻が残るイズミヤ労組は、「七四春闘」を迎え、一九七四年一月下旬に中央委員会と全支部一斉討論支部大会を開催した。各支部の組合員たちが寄せた大量の意見から一部を紹介しよう。

「支部では賃上げ五万円要求という声もすでにある。でも妥結ラインはまた落ちるという危惧もある」

「実際の声は、四〇%～六〇%のアップが最低必要」

「私たちの家計の苦しさに比べて、会社のほうは大儲けをしているはずである。正確につかんでおくべき」

「スーパーとして『より安く売る』という機能と、インフレムードを利用した便乗値上げという二面性がある。便乗値上げ反対というスローガンを出してもよいはずだ」

「すでに最低人員を割っているのに異動も数多くあり、本人が断り続けているのに異動命令が出され問題になっている」

「腱鞘炎で『半日出勤半日休養』の診断をされた人が、店長から、『もうそんなことなら欠勤で一か月休め』と言われている」

労働者たちから湧き上がる要求の根底には、会社側が急速に進めた人員削減による労働強化に対する大きな不満があった。各店舗に定められた最低必要人数に達しない、いわゆる欠員支部は、同時期の全五三支部中三四支部に上っていたのである。充満した不満は真っすぐに賃金獲得へ向かった。

イズミヤ労組は意見を集約し、一九七四年三月七日に臨時大会を開催して一九七四年春闘要求項目を決定した。賃上げ要求に関しては、四万円のベースアップ、独身者手当一万円への引き上げ、ストアマネジャー手当の新設などの要求を決めた。

三月二七日の第一回団体交渉では、会社側の回答は賃上げ額二万五四八円（二九・八％）と要求の約半額の低い回答であり、他の要求についても頸腕治療が必要な者の取扱いに関する労使合意など、職業病に関する要求を除いてすべて拒絶姿勢をみせた。刻々と明らかになる同業他社の要求や会社回答の情報は、焦燥感をもたらした。このためイズミヤ労組は、またしてもストライキに突入していく。

直ちに四月四日に全支部から約八〇〇人の組合員を集めて春闘勝利総決起集会を開催し、一斉ワッペン着用を指令して難波までの御堂筋デモ行進を強行し、四月五日の全支部一斉スト権確立投票を決定した。集会の参加者は口々に意見を述べた。

「この回答では、アパートに移ることも結婚することもできない」
「二人目の子どもはつくれない」
「去年以下の生活をしろということか」

四月一三日に出された会社回答に反発したイズミヤ労組は、スケジュールどおり、四月一四日に全支部で一時間の第一波時限ストを打ち、あわせて一八支部で店頭屋外集会を開いた。四月一九日にも二拠点（野田店、寝屋川店）で第二波の半日時限ストを強行した。この時点で、全ジャスコ労組が二万三一六八円、全ニチイ労組が二万四一五〇円、長崎屋労組が二万六四九二円、伊勢丹労組が二万七九〇〇円で妥結している。

第二波の半日ストはピケッティングストライキで、他支部からの大量応援動員態勢を組んでパートタイマーや管理職の就労を拒み、客に入店を断念させようと説得に当たった。職場放棄にとどまらないピケストを多用することも、イズミヤ労組の特徴である。

しかし、次回以降第五波までの拠点ストを決定したところで、四月二〇日に会社側から二万六七八一円の賃上げ額、初年度年休五日、一時金最低保証一二五%などの上積み回答を得たことで、四月二一日早朝にスト中止を指令して妥結した。イズミヤ労組の「七四春闘」がようやく終わった。

スト路線の継続

イズミヤ労組は、年末一時金が争点となった一九七四年秋闘でも、スト路線から外れなかった。一九七四年一〇月一〇日に臨時大会を開催し、およそ二〇に上る修正案を経て、年末一時金三・八か月を含む要求項目を決定した。だが、一〇月二五日に出された会社側の第一次回答は、二・二か月もしくは昨年比一一〇%のうち高額となるいずれか、であった。

イズミヤ労組は全支部で一〇分間集会を開始して再びストに向かった。団交を重ね、四回の団交を経た一一月二〇日開催の第五回団交では、二・五か月もしくは一二〇%に引き上げられた回答を得た。だが、一一月二五日の第一波ストを確認し、準備態勢に入った。

ところが一一月二三日、団交で会社側から最終案が出され、二・六三か月もしくは一二五%の提案があり、協議を重ねた結果、最後は二・七カ月もしくは一二五%で労使合意に至り、ストを回避して収束している。

一九七五年の春闘もストライキに明け暮れた。イズミヤ労組は、一九七五年二月二七日に臨時大会を開催し、三万五〇〇〇円、三二%以上の賃上げを中心とする一九七五年春闘要求事項を決定した。しかし、三月一九日に会社側から出された賃金に関する第一次回答は、定昇のみ五一七五円で、しかも他のほとんどの要求が拒絶された。この時点で、全ダイエー労組が一万三九四五円、灘神戸生協労組が一万五六七五円などの第一次回答を得ていた。

イズミヤ労組は、直ちに全支部で毎日一〇分間集会の開催を指令し、三月二三日の団交では、経営悪化を主張する会社の姿勢に猛反発して再検討を促した。三月二四日からのワッペン着用、三月三〇日からの腕章着用、会社側が求める早番遅番の交代の拒否指令と、イズミヤ労組の争議戦術は止まらない。パートタイマーにも負担金一〇〇円の春闘バッチを配布し、着用を促すほどであった。ところが三月二八日の第二次回答と三月三〇日の第二回団交、四月四日の第三次回答と四月六日の第三回団交を経ても低額回答は変わらない。

イズミヤ労組は中央決起集会の開催、時間外拒否、ストライキを計画し、準備に入った。四月一〇日、大阪市北区の桜ノ宮公会堂で中央決起集会を開催し、四月一一日からの時間外拒否と一三日の第一波ストを背景にして、四月一一日の第四次回答を迎えたが収束しなかった。その後も、団交と中央委員会を繰り返し、修正要求と再回答の応酬を経ても決裂したままで、ついに四月一三日にイズミヤ労組は全支部半日ストに踏み切った。なお、このストをめぐって管理職が組合員の時間内職場集会を写真撮影するなど、争議行為へ圧力をかけたため対立はさらに大きくなった。

　混乱のなかでスト決行後には現実的な判断を迫られるイズミヤ労組は、修正要求案を決定し、四月二〇日の重層的な第二波ストを設定し、四月一八日の第五回団交を迎えた。会社側から一二〇〇円の上積みによる一万二六五〇円、一三・三%が提案された。だが、労組側は承認しない。結局、労組内で第二波スト態勢の最終確認を行い、さらに第六回の団交を経て、一万四五七八円、一六・一%で労使が合意し、スト中止を指令した。

　引き続き一九七五年の秋闘の年末一時金交渉でも、ストに突入している。一九七五年一〇月九日、秋闘要求項目を決定したイズミヤ労組は、早くも一〇月一〇〜一二日には高率でスト権を確立している。会社側から、前年を下回る二・四か月の低額一次回答が出ると抗議行動を開始し、一〇月二六日には、全支部で始業から一時間の時限ストを打った後、一〇分間集会と三〇分集会を繰り返した。

　二次回答、三次回答も上積みはみられたが、前年を下回ることから、一一月一六日の第二波ストを設定したものの、会社側の姿勢は崩れず、予定通り全支部半日ストに突入した。この後は六回の団交を重ねて、一一月二三日朝に二・七か月＋一〇〇〇円の回答を引き出して妥結した。なお、イズミヤ労組はこれに先立ち、第三波、第四波のストを準備していた。

最後のストライキ

イズミヤ労組はスト路線を定着させて、徹底的に賃金を獲得することに集中していた。だが、一九七六年の春闘を最後に、激しい交渉は続けたがスト一辺倒ではなくなっていく。

一九七六年三月四日、イズミヤ労組は臨時大会を開き、賃上げ、一時金、時短などの取組み方針と要求事項を決定し、春闘に臨んだ。要求案は賃上げ一万八九八五円プラスアルファでこれは一七・七三％プラスアルファとなり、夏季一時金は二・二か月であった。

ところが、会社側から業績の回復に基づく期待を裏切るような低額回答が出されると、イズミヤ労組はスト権投票を一週間以上繰り上げ、三月二一日の全支部一斉投票を実施した。二次回答も従前と同一であったため、時間外就労拒否と当番交代拒否を開始した。三次回答でも収束せず、労組は第一波ストを設定した。

四月九日の第四次回答で徹夜団交となったが決裂し、ついに四月一一日にストに突入した。尼崎店、布施店の二支部で始業から一二時までの半日のピケスト、全支部一斉に一四時〜一六時の繁忙時ストを打つとともに、野田店、昆陽店、淡路店、若江岩田店、駒川店、本部などの役員たちがピケストの店舗へ支援に入った。

イズミヤ労組は、早々に四月一八日の第二波ストを設定して、これを背景とする四月一六日を最大の山場と予測して準備したが、会社側に変化はなく、ストへ移行していく。支部長の終日指名ストおよび支部役員の八時～一四時の時限スト、八時～一二時の半日スト、八時～一二時の半日ピケストの三層で構成される第二波ストを敢行した。

この後もイズミヤ労組は、四月二五～二七日の拠点支部（鳳店、我孫子店、寝屋川店、野田店、駒川店、北助松店、末広店、上野芝店を三日間に配する波状拠点）のピケスト、全支部の時間外就労拒否、当番交代拒否、週休振替拒否を内容とする第三波ストを設定していた。だが、四月二三日の徹夜団交の末に、一万二八九七円、一二・一％、夏季一時金一・八五か月などの回答を得て、相場に乗せたとの判断から妥結し、ようやく解決に至った。

その後、イズミヤ労組は過去数年間の総括を行い、一九七六年の秋闘からは激しい態度を転換し、争議行為を前面に押し出す労使交渉はみられなくなった。イズミヤ労組の事例では、結成直後から一九七〇年代半ばまで計画性の高い争議行為を背景とした激しい労使交渉が頻繁に認められる。多種の戦術を駆使した争議により営業中の組合員が大量に職場を離れて大混乱に陥った。そうした企業別組合の常態を超える活動のなかに、徹底して賃金を獲得しようと追求する労働者たちの執拗な姿勢を見るべきである。

イトーヨーカドー労組の時短交渉

イトーヨーカドー労組に目を転じて、再び労働時間への取り組みを見よう。近年では、閉店時間の繰上げ傾向が強くなっている。百貨店をはじめ、スーパー、ファミレス、ショッピングセンター内の専門店などで広がっていたところへ、コロナ禍によって、それどころではない緊急事態に陥った。

時短になれば、店舗の営業を効率的にして乗り切ろうとするから、労働者の負荷が軽減される。また、労働時間数だけでなく時間帯の負担がある。夜間の閉店時間の繰上げは、労働者が渇望する労働条件向上策であった。しかし、長い間、消費行動の広がりがそれをかき消してきた。

一九七〇年代のイトーヨーカドー労組には、経営側の専決ではなく、労働者側からの要求によって閉店時間の繰上げを実現した事例がある。それを含めた労働時間短縮の取組みに焦点を合わせよう。

小売業で労働時間を考える場合、営業時間を視野に入れなければならない。労働者間の分業によって営業時間の問題は解消するから、両者は別だと言われることがある。全面的に否定できないが、営業時間が長くなり全労働者の総労働時間数が長くなるのに労働者数が過少なら、この論法は破たんしてしまう。また、実際には所定内労働時間や一シフト時間などが営業時間にとって「帯に短したすきに長し」となり、都合よく運営できない場合がある。したがって、時短のために営業時間の短縮を狙うのは悪い戦略ではない。それどころか、長時間労働にあえぐ労働者にとって死活問題であった。

閉店時間の繰り上げを求めて

イトーヨーカドー労組は、一九七一年に早くも営業時間の短縮に関して、二一時閉店は夜遅すぎる、正月三が日は休日にしてほしい、定休日をつくってほしい、などの要望が集まっていた。また、二一時閉店の店舗の組合員からはこんな不満の声が上がった。

「遅番の時には帰宅が遅く風呂にも行けない」
「帰りが遅いので、お勤めはどちら、と聞かれるが、イトーヨーカドーと答えにくい」
「閉店後急いでも寮の門限ぎりぎり」
「駅員から、あんた水商売にお勤めか、と言われる」
「自宅から遠距離なので帰宅は夜の一二時頃になってしまう」

当時、営業していた三九店舗中九店舗が二一時閉店であった。そこでイトーヨーカドー労組は一九七一年一二月、二一時閉店の最繁忙店といえる千住店で「入店客調査」を実施し、閉店や退社の時間を繰り上げることが可能かどうかの検討を始めた。その結果、一日の売上げのうち二〇時〜二〇時三〇分は三・四%、二〇時三〇分〜二一時は二・五%にとどまり、夜間の売上げが低調であることが明らかになった。

このため、労使協議会で議題にして、千住店で営業時間の短縮が可能ならば他の店舗でも可能という見解を示したが、継続課題となった。また、他労組の実情を聴取したところ、扇屋やニチイなどでは閉店後一〇分で作業完了し退社している事実を知り、閉店後の時間に改善の余地があると結論づけた。また、この問題は、残業短縮、休日増、年末年始営業、週休二日制などへ応用範囲が広いと判断された。

しかしながら、一九七二年時点で、閉店時間繰上げ問題は定期大会で活動方針として決定されることはなく、公式的にはイトーヨーカドー労組全体の問題とはされなかった。会社側は、営業時間は経営権の問題であり労組に左右される話ではない、と一時間繰り上げた二〇時閉店を拒否する姿勢を崩さなかった。これを見た二一時閉店の支部は、結束し解決を誓い合って独自に他支部への説得活動をはじめた。

一九七三年に入ると、イトーヨーカドー労組では、二一時閉店の店舗の閉店時間を一時間繰り上げて二〇時にして二〇時三〇分までに退店するために閉店後の作業時間短縮が必要、営業時間は現行通りで組合員のみ退店時間二〇時三〇分とする（それ以降は非組合員による運営）、夜間時間帯のみを特殊勤務にして別途手当をつける、などの案が検討された。

だが、その間にも組合員たちの不満は膨れ上がっていた。一九七三年五月に開催された女子部会では、更衣室等での話し合いを集約したところ、二一時閉店に対する不満が多く語られていた。

「九時閉店の店は帰宅が一一時ということ」

「九時閉店の店にはこれ以上いたくない」

「八時閉店にしてほしい」

「九時閉店の店と七時閉店の店で遅番手当が同額なのはおかしい」

「早く帰ろうよ」。


さらに、労使協議会で継続してきたレジチェッカーの腱鞘炎対策に関する申し入れと回答が繰り返されるなか、組合員たちの職業病に対する関心が高まり、いやがうえにも営業時間短縮の要望に拍車がかかった。

こうして迎えた一九七三年一〇月開催の第四回定期大会では、組合員たちの怒りが最高潮に達した。定期大会で恒例の活動方針の討議が始まったところで、営業時間の繰上げについて多くの意見が出された。さらに、二一時閉店の九支部共同による決議文を赤羽支部が代表して提出し、あわせて活動方針内容の修正動議として提案されたことで、会場は色めき立った。

この動議を受けた執行部は、小売業に国際化の波が押し寄せ競争激化が予測されている点や、ヨーロッパの営業時間が地域ごとに決定されている点、山積する課題のなかで閉店時間の繰上げを早急に優先できない点などを説明した。しかし、会社が成長戦略とする二一時閉店に代わる戦略を労組は持ち合わせていない、と見解が述べられると、激しい意見の応酬がはじまり、議論は紛糾した。閉店時間が早い支部から続々と閉店時刻繰り上げに対する賛成意見が出された。

「この問題はイトーヨーカドーで働く全社員、全組合員の問題である」

「他支部の人たちの問題だからと逃げるわけにはいかない」

「執行部に押し付けるつもりはなく、みんなが中央執行委員のつもりで行動していく」

「団結こそがこの問題の解決につながる」


こうして延々と議論が重ねられ、最後は修正動議に従って一部修正された活動方針に対する代議員の採決に進んだ。その結果、賛成九九票、反対一票、保留二票の賛成多数により、二〇時閉店の内容で可決された。これを受けて、当日第二代委員長に選任されたばかりの塙昭彦が、みんなで決定したこの件は全力を尽くして実現に取り組む、執行部への交渉の一任と各支部からの支援を要請する、などと決意表明を行った。

その言葉どおり、イトーヨーカドー労組は交戦を視野に入れて会社側と徹底的に交渉を続け、一九七三年一一月、年末年始の勤務に関する団体交渉の席上で、一九七四年より二一時閉店および二〇時三〇分閉店の店舗を二〇時閉店へ改める、との回答を得た。執行部からの電話を待っていた各支部は大きな歓声と笑顔に筒包まれ、各支部から九支部へ次々に祝いの声が寄せられた。労働時間を奪われてきた職場の慣行を労働者が薄めた瞬間である。一九七三年の「イトーヨーカドー労組・みんなが選んだ五大ニュース」で「二〇時閉店成る」は堂々の第一位となった。

「同じ会社だから異動すればみんな同じ問題を抱えてしまう。みんなの問題だから一緒に手を取って問題を解決しよう、と他支部へ説得に向かいました」

「支部でKJ法による学習会をしていました。夜の一時間は昼の三時間、暗い夜道は危険がいっぱい、など生々しい実態が浮き彫りになり、それらで壁新聞をつくりました」

「一人ひとりの力が想像もつかないほどの力となり和になることを知りました。労働運動の原点を見たような気がしました」

これらは閉店時間の切替前日に、最後の二一時時閉店を迎えて下りてくるシャッターを無言で見つめた当時の支部長たちの回想である。

年末年始の営業問題

イトーヨーカドー労組は年末年始の営業時間への対処も続けていた。コンビニエンスストアがこれほど成長し、大みそかや元日の営業が当然という世代には信じ難いことであろうが、一九七〇年代から小売業の労使が攻防を繰り広げてきた問題である。

正月営業は、東北を中心とした一部の地方に特有な慣行がかかわっていた。地元では正月から財布を握りしめた顧客が押し寄せていたが、それ以外の地方は一月五日あたりまで休業していた。だが、全国で徐々に正月営業が広がり、業界全体の問題となった。イトーヨーカドーは東北地方で店舗を展開しているから、その渦中にいたのである。働き方の観点からすれば、年末と年始の両方の営業に関わる労働条件ということになる。

労働者にとって正月営業は、ようやく終わった年末営業の直後に再び働くという苛酷な労働条件である。結論だけを言えば、主に一九七〇年代と一九八〇年代を通じて、チェーンストア労組の健闘があったものの会社側に大きく押され、徐々に正月営業が拡大し、現在のようないわば全開営業に行き着いた。

ここでは、年末営業に焦点を当てよう。正月営業と並んで、年末営業は労働者にとって、いくら「書き入れ時」といっても過重な負担になる。

「毎年楽しみにしている紅白歌合戦が見られない」
「帰省したいのにできない」
「これから新年を迎えるというのに落ち着かない」

客にとって当然なことであっても、労働者たちの悩みをなかったことにはできない。イトーヨーカドー労組が、年末の時短を進めるのは当然であった。

年末営業をめぐる攻防

イトーヨーカドー労組が一九七一年九月に開催した第二回定期大会の一九七二年度活動方針案をめぐる議論は、「人間尊重」という言葉に沸いた。イトーヨーカドーの社是である会社設立の三本柱、すなわち、お客様、社員、取引先のなかで、お客様の優先度を上げるあまり社員のほうは大切にされていないのではないか、お客様優先の美名のもとに社員が忘れられてはいないか、などの意見が出された。

伊藤雅俊率いる商人道のトップランナー企業の労働者が人間尊重を求めるこの声は、労組結成前には想像できないことであった。同時に、この声は営業時間と就業時間に対する不満の高まりを示すものであった。とめどもなく長時間労働になっていく情勢で、年末だからしょうがない、という考え方を正していこう、という期待でもある。

イトーヨーカドー労組は、組合員の切実な要求を集約して一九七一年の年末営業の団体交渉に臨んだ。だが、イトーヨーカドーの営業時間は、短縮どころか延長の方向にあり、結果は芳しいものではなかった。労組側は、年末営業の短縮が困難を極める理由が内在していることに気付いた。

図表2-10　イトーヨーカドーの年末営業時間の確認書

〈営業時間〉

次に定める期日については営業時間が夜9時30分を超えない限り、会社は営業時間を延長することができる。

・12月27日ならびに28日の2日間

・12月28日より31日までの4日間。ただし、12月31日については各店の状況に応じて勤務時間を遅くすることがあり得る。

・12月度の各土曜日（4・11・18・25日）

〈勤務時間〉

大みそ日は各店とも早番勤務とし、所定時間を超える部分は時間外勤務とする。

大みそ日は原則として各店とも閉店後直ちに帰れるように計画努力する。ただし、状況によっては遅くなる店もありうる。

〈休日〉

12月28日より31日までの法定休日は振替休日制とし、新年に与えるものとする。ただし、健康上の事由による場合はストアマネジャーの判断により休日を与えることができる。

労使の発言の要点を拾っていくと、目的は売上げではなく利益を上げることでありそれ以上の経費の増加があれば年末営業は延長しない、利益の増加は賃金支払い能力の上昇である、年末は安直にパート・アルバイトに代替するのではなく正社員主導でないと乗り切れない、大みそかの短縮は継続課題とする、などが確認できる。要するに、年末営業の成果が巨額であるため、労働者が努力してその報酬を獲得する機会を労働者が断念する構図になってしまうのである。

しかしながら、大みそかについては、年末営業縮減の突破口になる可能性を残した。労組側が「どうしようもない状態」と表明した年末営業時間の確認書によると、大みそかの営業時間、勤務時間、休日は、全面的に年末営業を容認した、と解釈できる厳しい内容となった（図表2－10）。

しかし、イトーヨーカドー労組は歩みを止めない。一九七二年二月には全二七支部の年末営業の就業実態結果を集約し、次の年末交渉の準備をはじめた（図表2－11）。各店の通常の閉店時間はまちまちであったが、一二月三一日にはどの店舗も三〇分から一時間の閉店時間の繰り下げを実施した。退社時間は、男性組合員のほうが遅くなる場合が多く、繰り下げた閉店後一時間から

図表2-11　1971年12月31日の就業実態

店舗	店舗の閉店時間		12月31日退社時間	
	通常	12月31日	女性	男性
千住	21:00	21:30	22:15	22:15
大山	21:00	21:25	22:15	23:15
赤羽	21:00	21:30	22:00	22:00
北浦和	20:30	21:00	22:15	22:15
小岩	21:00	21:30	21:45	22:00
立石	21:00	21:15	21:45	22:00
蒲田	21:00	21:15	21:45	22:15
三鷹	20:00	21:00	22:00	22:30
溝の口	19:30	20:30	21:15	21:30
田無	19:30	21:00	22:00	22:00
曳舟	21:00	21:30	22:15	23:00
川越	19:00	20:00	21:00	21:00
戸越	20:00	21:00	22:30	22:30
三ノ輪	20:00	21:00	22:45	23:30
西新井	20:00	21:00	22:00	23:00
大井	20:00	21:00	21:45	22:30
越谷	20:00	20:30	21:45	21:45
郡山	19:00	19:30	21:00	21:00
高砂	20:00	21:00	22:00	22:30
蕨	20:00	21:15	22:15	22:15
野田	19:00	20:00	21:00	21:00
川口	20:00	21:00	22:00	22:30
平	19:00	19:30	20:30	21:30
亀有	20:00	20:30	21:30	22:00
柏	20:00	20:45	21:30	22:30
白河	19:00	19:30	21:00	21:00
上板橋	19:00	19:30	21:00	21:00

（資料）『さんか』第16号、1972年2月5日付より作成。

二時間後の退勤となる。一方で、閉店から退勤までの時間に店舗間、男女間で分散がある。

イトーヨーカドー労組は作業の見直しによる労働時間短縮の余地が大きいと判断し、大みそか交渉を軸とした年末営業時間の短縮の取組みを続けた。

一九七一年大みそかの就業実態の検証では、各店を巡回して支部役員のさまざまな意見や悩みを採取している。現在でも通用するもの、当時を彷彿させるもの、などがある。一部を紹介しよう。

「支部が延長不要と判断しても、管理職から、判断の違いだ、と押し切られる」（戸越店）

「女性は二二時以降働かせてはいけないはずだ、と組合員から詰め寄られた」（戸越店）

「組合は何をやってるんだ、と叱られた」（戸越店）

「二〇時を過ぎるとばったりと客足が途絶え、商店街の人通りがなくなる。本当に大みそかなのか」（蒲田店）

「昔とは変わった。僕らが入社したときは、帰宅時には除夜の鐘が終わっていた」（蒲田店）

「みんな紅白歌合戦を見たがっている」（蒲田店）

「もう小売業だからって早起きは三文の徳、不眠不休でもないだろう」（小岩店）

「世間並みに年末を過ごす、と覚悟しなければならないのではないか」（小岩店）

こうした労働者の要望を受けたイトーヨーカドー労組は、一九七三年の年末営業の交渉では、既述の二〇時閉店実現の余勢を駆って成果を上げた。まず、一二月二九日、三〇日、三一日の閉店時間の繰り上げを実現した。もっとも閉店時間が遅い店舗で二一時まで、早い店では一九時三〇分に切り上げた。また、年末営業の運用面へ介入して改善を図った。年末の客足に対応した営業延長日の特例措置の範囲を縮小し、一二月二九日、三〇日、三一日に限定した。それ以外にも延長を三〇分間までに限定させたり、三一日については交替制を取り入れて早帰りの勤務者を確保した。

一九七四年の大みそか交渉で、イトーヨーカドー労組は要求を押し通し、年末の営業時間の延長をさらに制限するとともに、一二月三一日の開店時間を二九日、三〇日よりも早めることで、三一日の営業ピークの前倒しと退勤時間の繰り上げをねらった。三一日の退勤時間は閉店後一時間以内厳守とした。二九日、三〇日にも交替勤務制を入れた。三一日は多くの店舗で九時三〇分開店へ繰り上げ、それにより閉店時間も繰り上げ、退勤時間を早めた。労組は念入りに、一斉退勤をやめて売場ごとに各人が順次退勤するよう指示した。これ以後もじりじりと年末就業時間の軽減を進めた。

年末年始は年間最高の売上げがとれる期間であり、組合員にとっても成果配分の拠り所であった。イトーヨーカドーでは夏冬の一時金の他に決算賞与の支給があったことも大きい。労組側は、年末就業に対しては徹底した抵抗をみせたが、正月就業に対しては高額な手当を獲得し、毎年のように増額を実現していった。正月営業は顧客主義に押される形で固定され、平成を超えて令和時代にも残存し、消費者主義のもとで労働者主義が十分に発揮されず、労働者は労働時間に悩み続けている。

休日数の増加と長時間労働

イトーヨーカドー労組の労働者たちの長時間労働をめぐる葛藤は、集中的に取り組んだ休日数増加の取り組みと年間労働時間の推移に注目すると理解しやすい。

イトーヨーカドー労組は、一九七一年の団体交渉で週休二日制をにらんだ休日スケジュールの決定に乗り出した。すでに一部隔週休二日制が導入されていたため、店舗と本部、職種を考慮して休日数を子細に詰めはじめた。あわせて一九七二年度の時短に向けて、残業対策、計画的人員配置、退社時間の繰り上げ、隔週休二日制の全員適用、正月三が日の休日化、年間休日数の増加を軸とする方針で段階的に取り組むことを決定した。目標は一九七五年時点の年間休日一一五日および完全週休二日制の導入とされた。

一九七三年までは、労組の要求にはやや届かないものの、着実に一般職の休日数を増やす一方で、マネジャー、MD（マーチャンダイザー）、生鮮担当などオペレーション上の対応策が追い付かない職種では、休日数が伸び悩んでいた。

一九七四年度には、週休二日の適用除外者とされてきた、教育担当者や薬剤師などを適用範囲に入れることに成功し、一般職等で一〇二日、マネジャー等で八七日の休日数に到達した。同年の他社の休日数と比べると、伊勢丹一一一日、ダイエー一〇四日、ニチイ一〇四日に及ばないものの、長崎屋九七日、西友九七日、忠実屋九〇日、イズミヤ六八日などより高い水準にあった。

ところが、一九七五年度に大きな試練が訪れた。会社側が強硬に申し入れてきた一直制であった。イトーヨーカドー労組も、「大店法」の運用次第ではさらに閉店時間が繰り上げになると想定していたため、二直制の見直しを視野に入れていたが、会社側の意思決定は予想を超えるスピードであった。

基本的に交代勤務を前提としない一直制は、休日数を増やす余地を広げるものの、一日の拘束時間が増加することとなり、年間総労働時間の増加につながる。このため、労組は一直制導入に対して厳しい提案であるとして不満を表明した。しかし最終的には、賃金を守るための売上実績等や生産性向上の観点から認めざるを得ない立場に追い込まれた。一方、団交では猛然と休日数の増加の上乗せを要求して獲得している。

一直制によって労働時間は増加に転じ、一九七四年度に一九七三時間まで短縮した年間総労働時間は一九七五年度には二〇四〇時間となり、再び二〇〇〇時間超となった。労働者が少しずつ着実に獲得した時短が、会社側の営業への執着によって、ご破算になってしまった。労働者はここでも労働時間については譲歩したということもできる。一九七〇年代後半以降、営業時間の短縮と残業の削減、年次有給休暇の取得促進など獲得した休日数の最大活用に集中し、イトーヨーカドーの労働者たちは長時間労働に立ち向かう態度を崩さなかったものの、一直制の余波の苦しみにあえいだ。

イズミヤ労組のパート組織化

チェーンストアでは、一九七〇年代に入るとパートタイマーが増え始めた。これまでの事例は、正社員の実態を明らかにした。もちろん同じ職場にパートタイマーがいたが触れなかった。そのパートについてはどうか。イズミヤの事例に注目しよう。近年、パートタイマーが企業別組合の組合員になっていることは稀有の例ではない。労組内では、正社員とパートは同じメンバーである。

しかし、二一世紀に入りパート雇用産業を中心にパートの組織化が急速に進む前には、パート組織化の必要性が指摘されることがあっても、その実現はほとんど予測されなかった。それほどパート組織化は難事であった。一九七〇年代、パート組織化という発想自体が乏しい時代に着手し、大きな注目を集めたのはイズミヤ労組であった。

一九八四年、イズミヤ労組は、パートタイマー協議会を発足させた。この名称が物語るように、パート組織化にあたって、協議会方式が選択されている。現在、もっとも普及しているパート組織化方式は、正社員の企業別組合へパートタイマーも加入する直加盟方式である。だが、本来は企業別組合を念頭に置くなら、イズミヤのような協議会方式、別個のパートタイマーだけの労組を結成する別組合方式、正社員とパートタイマーで組合員の権利義務関係が異なる特別組合員方式などがある。

イズミヤのパートタイマー協議会は、突然に出現したわけではない。イズミヤ労組は、結成間もなくパートタイマーが急速に増えていくことを実感し、一九七二年から早くも対応を迫られていた。急拡大するチェーンストア業界は、慢性的な労働力不足で正社員が長時間労働を強いられる状態からの脱却方法を模索していた。その解決策の一つがパート化であった。すなわち、当初は正社員が直面する労働強化への対抗策として、パートタイマーの労働条件を改善し、その定着を図る取組みであった。

こうしてイズミヤ労組は、一九七三年春の賃金労使交渉でパートタイマーの賃上げと一時金を要求する一方で、パートをイズミヤ労組に加入させることを構想した。一九七四年の賃金交渉になると、大阪市立労働会館で「七四春闘パートタイマー討論集会」を開くとともに、「七四春闘勝利総決起集会」にパートタイマーの代表者を招いた。

イズミヤ労組はいったん会社側とパート労働条件の整備と労組加入を骨子とした「定時社員協定」を締結したが、労使の見解が食い違いはじめたため白紙に戻したという経緯がある。当時のイズミヤ労組は、各店で時間内職場集会を継続してきたが、正社員が抜けるその時間中でさえ、正社員組合員を上回る人数のパートタイマーによって店舗が支障なく営業できる実態があった。つまり、基幹労働力が非組合員であるという現実があり、労組の交渉力の限界を痛感させた。

一九七五年になると、イズミヤのパートタイマーは七一四七人へと膨張した。業界一位のダイエーの七七〇二人に迫る勢いであったが、パート比率では既に突出していた。正社員の人数に対する比率はダイエーが三九%、長崎屋が五一%などに対してイズミヤは一九六%と正社員の二倍に上る。

パートタイマーだけで店舗運営の支障が出ないほど戦力になっているのに賃金が低いままでは、日増しに職場がパートタイマーの不満だらけ、愚痴だらけになるのは当然であった。

パートタイマー連絡協議会設置への道のり

このため、イズミヤ労組は一九七五年の賃金交渉で、パートタイマーに対する働きかけを強めた。一九七五年二月に開いた要求と方針を決定する臨時大会には二〇人のパート代表者が参加し、三月四日のパート連絡会議にはパートタイマー六〇人が参加した。討論を経て、最低時給三五〇円や夏季一時金に関する要求が決定された。

しかし、三月一九日に出された会社回答の最低時給は、福知山店および宮崎店が二五〇円、その他の店舗が二七〇円と低額であった。これを受けて、イズミヤ労組は抗議バッチの着用を指令し、非組合員であるパートタイマーにも着用させて団体交渉を重ねた。

結局、ストライキも決行して上積みを獲得し、四月一九日には最低時給二七〇円・二九〇円と、ほぼ要求どおりの夏季一時金額で妥結した。しかし、これでもパートの不満が解消したわけではない。イズミヤ労組は、ストライキや徹夜団交をもってしてもパートタイマーの賃金を思うように引き上げられないことを痛感し、新たな葛藤を抱えた。

一九七五年の賃金交渉直後にイズミヤ労組にぶつけられた主婦パートたちの不満の声を紹介しよう。

「組合の三五〇円の要求に対して二九〇円の妥結額ですが、まあそんなものだろうという予想はしていましたけど、やはりあと一〇円は欲しかったですね。今の私たちの不満はまず賃金ですね。この辺の店舗の初任給は三五〇円なのにイズミヤは三年勤めて三〇〇円ですから。それも私たちは正社員と同じように発注までしているんですよ。それから正社員は週休二日ですが、その負担が最近はひどくなっています」（駒川店勤務）
「最低賃金で要求するよりも、ベースアップで要求してほしかったですねえ。最低時間給が二九〇円に上がったといっても、私らには関係ないですもの。私は三七〇円です」（京橋店勤務）

イズミヤ労組は、パートタイマーの不満の高まりを無視できず、企業内に分断された労働者を形成しないよう、できる限りすべての労働者を代表できる労組づくりを明確に意識しはじめた。これが、一九七八年の定期大会で明確に打ち出されたイズミヤ労組の「大衆路線」（全従業員路線）の起源である。

この直後から、イズミヤ労組役員はパートタイマーに対し積極的な職場オルグを開始した。その過程で、主婦パートへ労組の必要性や加入メリットの説明に追われたのはもちろんだが、同時に、「正社員は私たちをオバチャンと呼ぶのを止めてほしい」「店の暖房が弱くて寒い」といった職場環境に関わる要求が一〇〇項目以上集まった。

会社側にとって未知であったこれらの項目を要求してすべて解決しつつ、パートタイマーへ勧誘を続けた労組は、一九七九年に会社側がユニオンショップ協定の変更を承認しないなか、大阪市の中之島公会堂で結成大会を開催して、パートタイマー連絡協議会を発足させた。学生を除く勤続二か月以上、一週五日以上勤務のパートタイマーが対象とされ、会費は一か月四〇〇円に設定された。

この時点のイズミヤのパートタイマーは約八〇〇〇人、対象者は約五〇〇〇人のうち約二八〇〇人が加入した。しかも、約二〇〇〇人は結成大会以前のオルグでに加入していた。

パートタイマー連絡協議会は、目覚ましい成果を収めた。就業規則の整備、昇給制度の導入、残業・休日出勤・年休付与・制服貸与などの基準作成、労災補償などの条件を整備した。ユニオンショップ協定が締結されなかったにもかかわらず、一九八〇年以降は約三八〇〇人の会員と八〇%前後の組織率を維持した。一年三回の全店パートタイマー集会では、それぞれ休憩時間や退社時の合間に一日一〇回に及ぶ集会を継続した。

この後、イズミヤ労組は一九八四年にパートタイマー協議会の結成に至り、協議会方式による組織化を達成した。この前身組織で主婦パートたちと向き合った経験が不可欠であり、大きな足がかりとなった。さらに一九九二年には、組織化手法を変え、ついに直加盟方式に切り替えた。

現在では多くの労組が直加盟労組でのパート組織化を実現しているが、労組結成とともにパート組織化を実現する労組が多い。このため、一九七〇年代から先行して取組み、苦悩を重ねてきたイズミヤ労組と経験値は同じではない。

それでは、イズミヤ労組が大衆路線のもとで果敢に進めた経験から何を見出すべきであろうか。正社員とパートタイマーの賃金格差の解消にどのように取り組んだのか。現在、さらに非正社員が増え、同一労働同一賃金を進めるために、企業別組合は何に向き合い、どのような交渉を続けているのか。正社員と非正社員は同じなのか違うのか。振り返れば、これらの問いに答えるだけの正社員との関係の整理がないまま、賃金格差は持ち越されてきたと見るべきであろう。

要するに、同じ労組の組合員であっても別々の労働者として、労働条件や職場環境の向上に取り組んできたのである。

全ジャスコ労組のパートタイマー組織化

パートタイマーの組織化についてもう一つの事例としてジャスコの労働者を取り上げよう。チェーンストアでは職場でパートタイマーを中心に非正社員が増え、仕事ぶりが高度化したことで、労組としても正社員だけでなく、非正社員を組織化対象とするための検討が始まり、議論が活発になった。ジャスコも例外ではない。ただし、当時の非正社員の組織化は相当の難事であり、全ジャスコ労組も紆余曲折を余儀なくされた。この経緯のなかに、パート労働を理解する鍵がある。

全ジャスコ労組がパートタイマーの組織化を自覚し始めたのは一九七三年である。当時のパートタイマー比率は約二〇%であったが、一九七五年には三〇%超となる見通しであった。およそ三人に一人がパートタイマーになるのが見えてくると、正社員の長期連続休暇制度などを勘案すると、正社員の労働時間短縮が進む場合、非正社員の低賃金と過重労働を促すことが予想された。

他にも大きな問題が発生しつつあった。パートタイマーの増大は非組合員の拡大であり、労組にとって労働者の代表性に影響し、団結権や争議権が脅かされかねない。この懸念は業界全体の問題であり、全繊同盟流通部会が臨時雇用者組織化対策を打ち出したところであった。

こうして全ジャスコ労組がパート組織化に動き出した。一九七四年三月の第六回定期大会でパートタイマーの組織化を満場一致で決定した。組織化対象の具体的目標は、一日六時間以上、一週五日以上、勤続期間六か月以上とされた。

図表2-12　ジャスコの従業員構成（1974年）

（人）

	総数	6時間未満のパート	6時間以上のパート	1年契約社員
合計	6917 （100%）	1667 （28%）	1042 （10%）	412 （4%）
東海	1252	225	260	68
三重	1994	451	372	199
兵庫	1722	438	221	71
京阪	1949	553	189	74

（資料出所）『ふぇにっくす』第54号、1974年7月20日付。

だが、パートタイマーにとっては、労組は未知の存在である。そこで職場では一斉に、地区責任者である支部長や、店舗や事業所責任者である分会長が手分けしてパートタイマー向け説明会を開催し、労組や組合員の解説と質疑応答を重ねた。説明内容は加入後の労働条件要求原案にまで及んだ。また、労組加入の道筋をつけるために、機関紙速報を発行するなど、パート組織化に対する理解や協力を求める情報宣伝に注力した。

こうして練り上げた会社側に対する要求案は、一年契約社員で六〇歳未満の者、および一日六時間以上、一週五日以上、勤続六か月以上で六〇歳未満のパートタイマーとされた。これらを全ジャスコ労組の組合員とするよう労働協約を改訂する旨の要求案を一九七四年六月に会社側へ提出した。この時点のジャスコの従業員構成は、パートタイマー等の非正規割合は四二%で、組織率の見通しは最大で一四%であった。（**図表2－12**）。

なかなか進まなかったパート組織化

ところが、ジャスコではパート組織化の労使交渉が整わなかった。全ジャスコ労組は会社側とユニオンショップ協定を締結しており、組合員範囲の拡大には労働協約の改訂が必須となる。実際には労組単独では強行できない。他に山積された優先課題があったことも大きいが、会社側にとってパートタイマーを組合員とすることの全面的な理解には至らなかった。

こうして、パートタイマーの組織化はいったん最優先課題から後退した。だが、全ジャスコ労組は足を止めたわけではなかった。一九七四年一一月、初めてのパートタイマーアンケート調査を実施した。その結果、パートタイマーの勤務理由は「家計の補助」が七四・九％と最も多く、「社会での生きがいを見つける」の五四・六％、「ひまな時間を使うため」の三六・四％を大きく上回っていた。また、勤続意志は「なるべく長く勤めたい」が九五・〇％と、長期勤続意欲が旺盛であることがわかった。また、労働条件に対する不満も大きく、労組へ加入したら労働条件がよくなるという意識が強いことがわかった。労組への期待が大きいことが判明したのである（図表2－13）。

全ジャスコ労組は、労組や活動に対する一層の理解を促すために、再度の説明集会や説得を継続するなど、組織化に向けた準備を着々と進め、団結力の強化を図っていった。

一九七五年になると、全ジャスコ労組で、一年契約社員、すなわち嘱託社員に限定して組織化

図表 2-13　パートタイマー組織化アンケート調査の結果

（%）

「パートタイマーの組合員化を知っていますか？」	
大変よく知っている	7.0
知っている	47.6
知らない、分からない	45.4
「全ジャスコ労組へ加入したらどうなると思いますか？」	
安心して働けるようになる	40.8
今と変わらない	20.0
待遇がよくなる	34.2
いろいろとわずらわしいことがある	4.6
「現状の不満は？（2つまで選択）」	
給与が少ない	81.8
休日が少ない	46.1
仕事がきつい	24.1
従業員とうまくいかない	2.0
いつやめさられるかわからず不満	32.7
その他	12.8

（注）不明回答は掲載していない。
（資料出所）『ふぇにっくす』第58号、1974年12月21日付。

を進め、あわせてパートタイマーから嘱託社員への登用機会を拡大する案が浮上した。会社側の抵抗を軽減することを視野に入れた二段階進行を狙ったのである。嘱託社員を組合員にする例は他社で広く見られることから、第一段階として嘱託社員に限定した組織化を進め、その後に残るパートタイマーの組織化に入ろうというのである。

そのためには嘱託社員本人たちが労組の活動を理解し、組織化に合意している必要があるから、支部長および分会長に対する組織化教育と各分会での嘱託社員懇談会を頻繁に開催し、意見や要望を集めるなどコミュニケーションを怠らなかった。

だが、団体交渉では会社側の抵抗があ

り、労使協議会および労働協約専門員会で話し合いを継続することとなった。ユニオンショップ協定を締結している労組が企業内で新たな労働者集団を組織化する場合、協定の適用拡大になるため会社側の壁が立ちはだかる。当時はどの労組もこの壁に苦悩していた。全繊同盟加盟労組では、全ニチイ労組が準社員、イトーヨーカドー労組が定時社員の組織化に漕ぎつけたが、長崎屋労組、マルエツ労組などは延々と交渉していた。

一九七六年になると全ジャスコ労組は不退転の決意で攻勢に出た。労働協約改訂の行き詰まりを想定し、非正社員だけの別労組の結成支援を検討し、一九七六年一〇月の第九回定期大会では、六〇歳未満の嘱託社員を組合員とすることを決定した。組合員資格に関する労働組合規約を改訂したのである。

また、労使協議会で協議を続けつつ、嘱託社員の加入活動に入り、加入承諾書を大量に集めて加入金二〇〇円を徴収した。八割以上の加入承諾を得た事実を背景に、労働協約専門委員会で話し合いを続けた。この結果、一九七七年二月二一日より嘱託社員にユニオンショップ条項を適用拡大することに成功した。

しかし、依然として嘱託社員という一部の非正社員の組織化にとどまり、圧倒的多数のパートタイマーは未組織のままである。労働協約改訂の攻防で会社側の壁を痛感した全ジャスコ労組幹部は、定期大会の質疑応答で「パートタイマーの組織化は現状では無理である」と述べた。

なぜそれほどまでに会社側はパートタイマーの組織化に抵抗するのであろうか。大局的に見れば組織化はそれ自体以上に複雑であるためである。すなわち、パートタイマーの戦力化が不均等に進行した結果、従来の雇用区分は労働実態と乖離し、大きな混乱を招き始めていた。会社側としては、労働者の能力水準や伸長に応じた明確な雇用区分の整理を優先すべきであり、表面上の労働日数や労働時間による区分で一絡げにした集団を機械的に組合員とする協約を良しとしないのである。

そうであれば、パートタイマーを含めた精密な雇用制度が導入されれば、会社の壁は消える。以後の全ジャスコ労組のパートタイマー組織化戦略にこの発想が混入したのは想像に難くない。

一九七七年、会社側から雇用区分体系を整理する目的から、契約制社員制度の導入が提案された。非正社員の複数区分が設定され、パートタイマーから契約制社員への登用制度が導入された。全ジャスコ労組は、新制度の各雇用区分の検証と待遇改善に取組みながら組織化に備えた。もちろん組合員である契約制社員については正社員と同様に、またパートタイマーについては附帯要求で労使交渉に臨んだ。

だが、その間も業界全体と同様に、ジャスコでも嵐のようなパートタイマーの増員と戦力化が進められた。新しいはずの制度が旧くなり、繰り返し制度設計が必要となる。全ジャスコ労組はそれを見極める雌伏期に入った。

一九八〇年、全ジャスコ労組は、会社組織が拡大した結果、一万人以上に膨れ上がったパートタイマーを見過ごすことはできないとして、パートタイマーの組織化活動の再開を宣言した。

一九八一年二月、大規模なパートタイマーアンケート調査を実施し、同年七月には協議会方式による組織化を検討していることを公表した。協議会方式は、労組の外側に友好組織を設置する手法で、ユニオンショップ協定の枠外での組織化となる。強力な組織化の決意表明には違いなく、この直後から会社側が再度の雇用区分制度の設計に入った。

全ジャスコ労組は、即座に中央労使協議会で労使によるパートタイマー専門委員会の設置を提案し、制度設計に関与しながら、パートタイマーの組織化対象を話し合う機会を獲得した。あわせて、各支部でのパートタイマー懇談会やパートタイマー職場集会を開催し、パートタイマーとの交流と意見収集に努めた。これらの活動から、全ジャスコ労組はパートタイマーの通勤費の上限撤廃に成功している。

一九八一年に検討が始まった新しい雇用区分制度は、NRL制度（仮称）と呼ばれた。ナショナル、リージョナル、ローカルの分類を基軸にしながら、パートタイマーをキャリア社員とフレックス社員に区分した。この後、労使は一九八五年六月にキャリア社員を組合員とするよう労働協約を改訂した。つまり、全ジャスコ労組は、協議会方式を放棄して直加盟方式でキャリア社員を組織化することに成功し、フレックス社員の組織化に取り組むこととなった。

その後の業界では、非正社員の基幹化（基幹労働力化）がさらに進み、働き方の比較対象である正社員へ接近した二〇〇〇年頃から、パート組織化が急転加速した。だが、正社員との賃金格差が残され、ねじれた「働き方」を見せつけられている。

全ジャスコ労組は、パート組織化に熱心に取り組んでいたが遅々として、しかもその過程で同一賃金の視点がビルトインされなかったことは確かである（イオンの労使がこの点に本格的に取り組んだのは、コロナ期の二〇二三年である。ただし、稀有の例といえる）。

イオンになってパート組織化を完成

「小売業冬の時代」と言われた一九九〇年代後半になると、イオングループは総合スーパー業態の再編に着手し、ジャスコ、扇屋ジャスコ、信州ジャスコ、北陸ジャスコの合併を発表した。

全ジャスコ労組は、これらの労組をどうつなぐのか慎重な議論に入った。選択肢は、既存労組はすべて解散し新たな労組を結成、いずれかの労組が解散しいずれかへ合流、すべての労組が現行どおり存続、の三つであった。だが、一企業一労組が望ましいとの意見で一致し、全ジャスコ労組へ三労組が合流することとなった。一九九九年九月に扇屋ジャスコ労組と全信州ジャスコ労組が、二〇〇〇年二月に北陸ジャスコ労組がそれぞれ解散し、全ジャスコ労組と統合した。

二〇〇一年八月、ジャスコはイオンへ社名変更し、グループ名をイオングループからイオンへ変更した。これを受けて、全ジャスコ労組は二〇〇一年一〇月にイオン労働組合（イオン労組）に名称を変更した。組合員数は約一万五〇〇〇人であった。

イオン労組は二〇〇〇年代後半に、もう一つの門出を経験している。二〇〇五年に伊勢甚労組

図表2-14　2000年代のイオン労組の組合員数

年	組合員数	労組名称
2000年	1万6542人	全ジャスコ労組
2001年	1万5189人	イオン労組
2002年	1万4973人	
2003年	1万4246人	
2004年	2万9468人	
2005年	7万3468人	
2006年	7万8099人	
2007年	8万3738人	
2008年	8万3738人	イオンリテール労組
2009年	8万3099人	

（資料出所）『イオンリテール労働組合40年のあゆみ』2012年より作成。

と統合した後、二〇〇八年にイオンリテール労働組合（イオンリテール労組）となった。この時点で組合員数は約八万四〇〇〇人に増加していた。（**図表2－14**）

二〇〇〇年代は、イオングループが持株会社による経営へ移行することを表明したため、イオングループ労連は、加盟労組の結束力をさらに高めた連帯を志向するようになった。各企業籍ではなくイオングループ籍を持ち、グループ全体の盛衰を意識する、というわけである。このグループの総合力の重視に基づいて新労連構想が出されたが、それを象徴するもの一つが、長年取り組んできたパートタイマーの組織化であった。

二〇〇三年、イオン労組は再び本格的に組織化に乗り出した。総合意識調査を実施し、数々の意見交換会を開催して雇用区分の再整理の機会を捉え、月一二〇時間以上で社会保険適用の「コミュニティ社員」の組織化を機関決定した。

二〇〇四年、ユニオンショップ協定の改定が労使で合意され、約三六〇〇人のパートタイマーがイオン労組に加わった。これで弾みがついたイオン労組は第二波の組織化を狙った組合員範囲の拡大交渉に成功し、数年間で大量のパートタイマーが組合員となった。

一方、イオングループ労連は、こうした情勢でグループ労組のパート組織化に取り組んだ。二〇〇〇年代以降、グループ経営の業績が厳しくなるにつれてパート化が一層進行したため、パート問題が優先課題に浮上したのである。

二〇〇二年にパート組織化を重点活動に位置付け、そのための基礎知識や具体的手法を共有し、あわせてこれらを記載した「パートタイマー組織化マニュアル」を発行した。これ以降一年間のうちに労連内で組織化成功事例の学習など情報交流を大きく進めた。

二〇〇三年の時点で、加盟労組のなかでパート組織化を完了していた四労組に加えて、三労組が組織化に成功した。その後も次々に加盟労組が組織化に着手した。二〇〇五年時点の組合員数約九万四〇〇〇人のうち、パート組合員は約七万二〇〇〇人となり、パート組合員比率は七六％となった。この年には一万人超のパート組合員を抱えるマイカルユニオンがイオングループ労連に加入した。

イオングループ労連は、時に正社員主義と呼ばれる日本の企業別組合の実体が、すでにパートタイマー組合に様変わりしていたことを象徴している。しかしパートタイマーが組合員になるなど想定できなかった時期からパート組織化に至るまでは長い年月を要した。しかも、賃金格差は解消されてはいない。ということは、イオンでパート組織化を阻んできたパートタイマーと正社員の関係の整理は、実際に完成されたわけではない。

賃金格差が残されたまま、パートタイマーが正社員並みに働く基幹化が進んだ期間は、経営者は基幹化に見合う賃金と実際に支払う賃金の差額を長らく享受していたことになる。パートタイマーと正社員の関係の整理が争われている現在もしかりである。

労組の立場からすれば、イズミヤ労組で見られたのと同様に、同じ労組の組合員であっても別々の労働者として労働条件や職場環境の向上に取り組んでいる姿が見える。

すると、改めて、労働者集団としてのパートタイマーにとって、常に賃金が問題であり続けることになる。これにより、そうではなく労働時間が大きな問題であり続ける正社員の姿が浮き彫りになる。そこにもメンバーシップ型の本質を知るための一因が見える。

「メンバーシップ型雇用」の本質

東急ストア労組が打ち出し、急いでいた週休二日制の実現のために、緻密に進められた「長期五か年計画」では、長時間労働の是正と賃金倍増が二本柱とされた。業界労組では、こうした取り組みが典型的であり、労働者は賃金も労働時間も獲得しようとしていた。

しかしながら、いくら長時間労働を回避する制度を導入しても、協定や制度に関する会社側の違反を正しても、じりじりと長時間労働へと進んでいった。労働者たちは長時間労働で苦境に立つのが常態になっていった。

どうしてそれほど長時間労働が力強くビルトインされ、除去できないのか。労組の調査によると、労働者たちに長時間労働を肯定したり、受け入れる意識が大きくなっていったことがわかる。

その半面で、業界労組は熱心に賃上げに取り組み、高賃金を獲得にまい進した。生産性の向上がその前提条件とされた長時間労働は止まらず、あたかも長時間労働と引き換えに賃金が取引される恰好になっていった。こうして正社員にとって労働時間の課題が残されたままとなっている。

一方、業界労組はパートタイマーの活用が進んだため組合員化を図ったが、その進展は遅々としていた。それは正社員と同等に働くパート基幹化が見られるようになっても、同様であった。そのため、非正社員にとって賃金が課題であるまま現在に至っている。

こうした歴史は、メンバーシップ型雇用を固定したと見るべきであろう。第三章では、労働者たちに焦点を合わせて見出された点に基づいて、そのメンバーシップ型雇用の中身はどうなっているのか問うことにしたい。

第三章

「メンバーシップ型雇用」とは何か

労働と生活のタイポロジー

古い話で、長いストーリーを語ってきた。実際にはその後の展開もある。だが、それでも一端しか見ていないであろう。その点では、ストーリーが長いのではなく、メンバーシップ型雇用の形成の息が長いのである。

本章では一転して、古く長い話から離れ、メンバーシップ型雇用が成就している日本の現在を考える。成就したと言えば、成功したという意味もあるから違和感があろう。メンバーシップ型雇用はもはや時代遅れで、あちこちで齟齬がでている、というわけである。

だが、何者かが成就させたという意味であり、成就させられたのは労働者たちである。労働者たちは、決してそこから舵を切れなかった。それはなぜかという視点こそが、メンバーシップ型雇用とは何かを考えることになる。

一九七〇年代に強固に定着したメンバーシップ型雇用からの積み上げがあり、現在に至る。その間に大規模な経済不況や国際競争激化、労働者構成の変化などがあったのは事実だが、これから指摘するメンバーシップ型雇用の中身については不変であるから、あえて仔細なことは割愛する。

メンバーシップ型雇用とは何か。本章でもチェーンストア業界の経験を用いるが、そこから産業を広げてやや一般的に考察する。日本の労働市場、労働者の宿命、F型雇用、労働組合の順に接近しよう。つまり、「就職」ではなく「就社」であるとか、会社や人事部門主導であるとか、職能資格制度用による雇用といったメンバーシップ型雇用に関する普通の説明から離れることになる。言い方を代えれば、ロジックに基づく雇用のタイポロジー（本質や特徴によって分類し、分類結果を考察すること）ではなく、労働者からみた労働と生活のタイポロジーを考えることになる。

正社員とパートタイマー

第一章では、新しい産業として出発したチェーンストアが一九六〇年代後半以降、新卒者を大量に採用し始めた経緯を振り返った。労働者たちはどのような働き方をしていたのか。

次に、第二章で、産業としての地歩を固めたチェーンストアで、一九七〇年代の労働者たちが何を欲しがり、何に悩み、何が獲得されなかったのかを描いた。この時期にメンバーシップ型雇用が形成されていたはずであるが、ではいったいどのような働き方をしていたのか。

雇用形態で言えば、メンバーシップ型雇用どおりの正社員が形成され、次にそれとは異なるパートタイマーが出現した。すなわち、正社員は定期一括採用が基本で、採用後はさまざまなストアに配属され、次々に移動しながら育成される。全国規模の転勤があり、それらを経験しながら昇進していく。

それを齟齬なく実行するために、仕事ごとの賃金ではなく、職能資格制度を軸にした同一水準の賃金で水平的な移動を可能とした、ほとんど年功に見える賃金による報酬制度が運用される。職能資格とは社内資格であり、育成による資格上昇や勤続による賃金上昇見込みがあるため、社外へ、つまり転職する労働者は不利になる。このため、現勤務先のメンバー性が強化される。

そうなると、退職したくない、あるいは退職できないと判断した社内で、職能資格制度を介した自分の賃金が上がるよう賃上げ総額や、自分の賃金が高くなるような職能資格制度の改定を要求することになる。

一方、労働時間についてはどうか。身体を動かし判断を求められるチェーンストアの現場では仕事は山ほどあるから、もっと稼ぐために長く働く。賃金を引き上げるための原資が欲しいから、会社の業績や成長を求めて長らく働く。しかし、はなはだしい長時間労働になると生活や健康に支障をきたすから、それらに賃金を重ねた見合いで、労働時間短縮を要求する。

こうして、定年を迎えるまで他社に移らないという前提で、自社メンバーとして労働者と会社の間で、随所でさまざまな取引が行われ、妥協しながらメンバーシップ型雇用が続けられてきた。当然、労働者たちは自社での交渉力を高めるために、労働組合、正確には企業別組合を結成し、労働者集団として対処する。

他方チェーンストアでは、最初は正社員が週休二日制を獲得するための臨時要員として、だが次第に補助労働者として店舗の運営を支える戦力として、さらには正社員に交代できるほどの基幹労働者といえるパートタイマーが出現した。パートタイマーの基幹化（基幹労働力化）である。

パートタイマーはメンバーシップ型雇用ではない。その主力は、店舗のメンバーになりえても自社のメンバーにならない雇用形態であり、典型的には、短時間勤務の主婦パートや学生アルバイトである。正社員と採用経路が異なり、職能資格制度の適用外であり、基幹労働者になる以前は企業別組合に加入しない労働者集団（パート集団）である。

パートタイマーは、定年を迎えるまで自社メンバーというわけではなく、社外へ移れる労働者であったり、働く目的は副収入であるなどの想定であり、少なくとも会社側にとっては、随所で取引しなくてよい労働者集団であった。

ところが、職場ではパート集団が基幹労働者になってくると重用することになる。パートタイマーの戦力化を進める一方で、正社員と同一の待遇にするわけにはいかないが、体裁は類似した社内資格制度や正社員への登用制度を導入したりと、待遇を整備してきた。これにより、メンバーシップ型雇用ではないけれども、パートタイマーは企業定着的になり、傾向としては長時間労働へ移行し、店舗で定年まで勤めるパートタイマーが多くなった。

労働市場

正社員とパートタイマーについて、労働市場で考えてみよう。代表的な労働市場を示した**図表3-1**の右側の図は、外部人材を示す外部労働市場を示している。労働者は△で表した企業のさ

図表 3-1　内部労働市場と外部労働市場

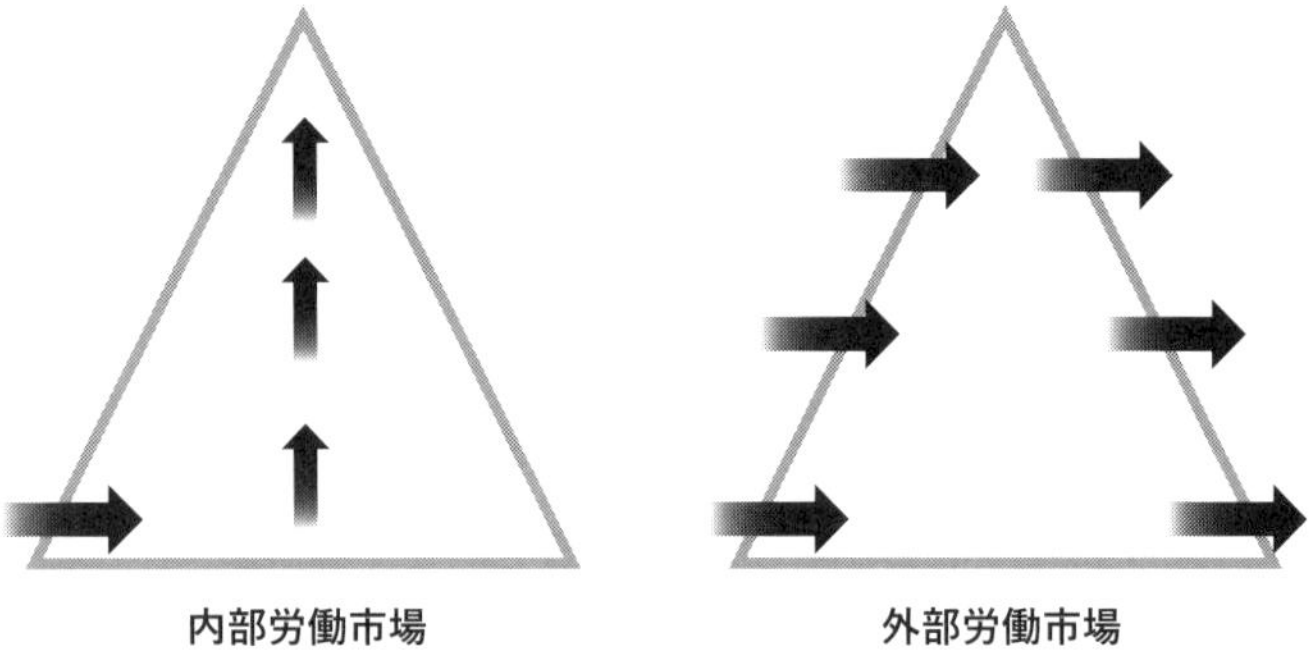

まざまなレベルの横から入り、一定期間滞留した後に横から出ていくイメージになる。出て行った労働者は別の企業に移る。

たとえば、筆者は大学院修了後、地方自治体（東京都）の研究所に入り、省庁（厚労省）の研究所に移り、後に大学に移り、その大学から別の大学に移った。企業をはじめとするあらゆる組織でこういった行動をとる労働者、管理職、経営者がいる。またそれを円滑に進めるために外部労働市場（外部市場）を整備する、などと表現する場合がある。

経済学では、もっぱらこの外部労働市場を想定する。外部労働市場を使う場合、簡単に言うと、外から人材を調達することを最優先している。人材の「バイ（Buy）」と言ってもよい。

左側の図は、日本で主流と考えられている労働市場で、メンバーシップ型雇用はこの市場を前提とする。新卒を採用する入口を企業の最下層に設ける。採用された労働者は企業内に滞留して育成され、上方に移るイメージとなる内部労働市場を示している。すなわち、企業内でさまざまな経験を積み、技量を高めて昇進していく。

一般的な正社員を説明する労働市場であり、経営学は、この内部労働市場を想定して体系化されている。つまり、人材を企業内で育成することを最優先しているから、人材の「メイク（Make）」と言える。

外部労働市場では労働者を問わないのに対して、内部労働市場では正社員の市場なので、パートタイマーをはじめ非正社員は、一般に外部労働市場で説明される。パートの賃金は地域相場で決まるとか、勤続期間が短くいずれ辞める、などと言われるのもこのためである。しかし、パートの基幹化が進展すると、長期勤続となり正社員なみの存在感と仕事ぶりを見せるようになる。そうなると、パートは内部人材と見なされるようになる。

図表3－2のように、外部人材であるはずのパートが内部労働市場の最下部で接合されることになる。するとパートはいずれ横から出ていくのではなく、上方移動を始める。パート人事制度に沿って知識、能力、経験の上昇に応じて上位資格に位置づけられ、最終的に正社員層の下部に到達する。まさにパート基幹化の最終形態は、正社員への転換であることがそれを裏づける。

このようになると、経済学者は「パートタイマーはもはや補助労働者、周辺労働者ではなく、つまり外部人材ではないから、外部労働市場で説明がつかなくなった」と気づく。だが、チェーンストアをはじめ、パート基幹化の先進的産業では、いちはやく内部人材に位置づけ、最下部の

図表 3-2　パートタイマーの基幹化と労働市場

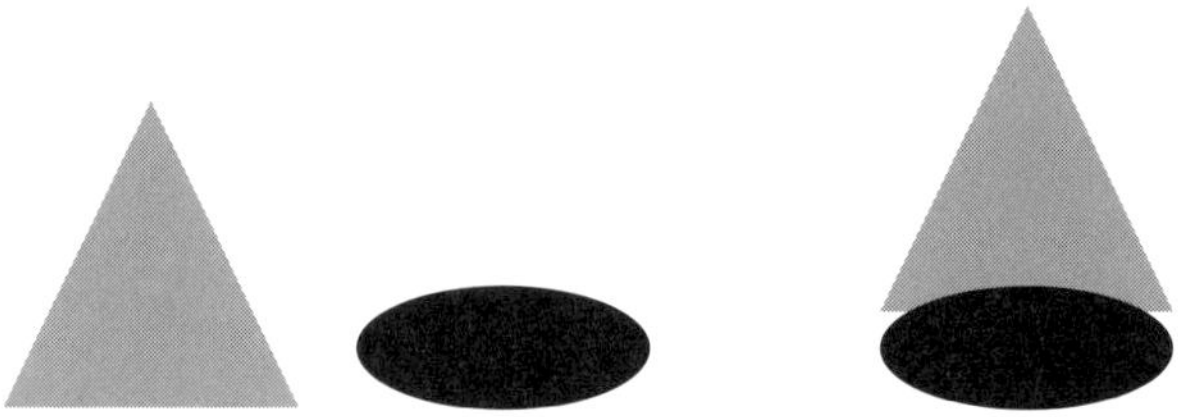

浅い内部労働市場にせよ、それを想定したマネジメントに移行していた。

ちなみに、非正社員の論議になると日経連『新時代の日本的経営』（一九九五年）が引かれ、この報告書で展開された「雇用ポートフォリオ」こそが、非正社員を急増させたと言われることが多い。

間違いではないが、ポイントは**図表3－3**のように、非正社員のうち一部の外部人材を一時的に企業が採用する派遣労働者などの「高度専門能力活用型」、パートタイマーなどを「雇用柔軟型」と呼びつつも、正社員などの「長期蓄積能力活用型」の下方に位置づけたという点にある。つまり、パートタイマーを内部人材に位置づけているのである。では外部人材はどうなるのか。基幹化しないパートタイマーのみならず、外国人労働者が投入されつつある。

図表 3-3　日経連「雇用ポートフォリオ」と労働市場

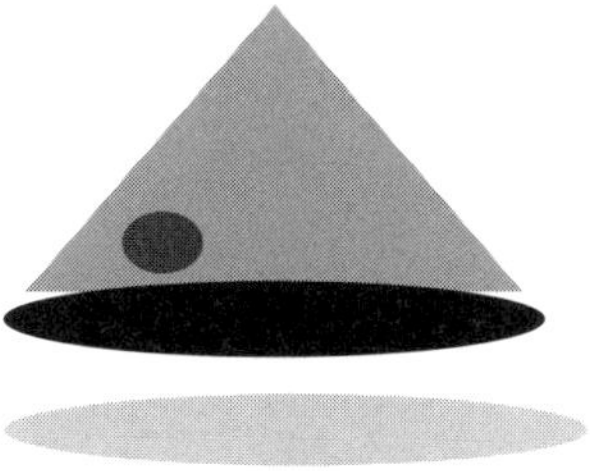

「労働者の宿命」論

正社員は、内部労働市場により雇用され、長期蓄積能力活用型である。パートタイマーは、外部労働市場のみならず内部労働市場による雇用があるが、一括りに雇用柔軟型とされ、表面上は外部労働市場による雇用である。

こうした区分があることは、労働者にどんな意味があるのであろうか。第二章で追跡したチェーンストアの労使交渉や、労働者集団の意識や行動のなかに何が見出されるのであろうか。

労使交渉に着目するのであれば、労働者集団と労働条件や働き方でどんな出し入れがあったのかという視点がありうる。もう一歩踏み込んで言えば、会社側は何を狙っていたか。何を奪おうとしていたかとの視点である。

日雇や請負はでなく、雇用という段階になると、使用者は雇用主責任を問われ、内部人材との逃げ場のない取引関係になる。このため、雇用である限り、奪い奪われる関係がありうる。労使関係が対立していても、協調していてもありうる。

こうした視点から、メンバーシップ型雇用が形成されている渦中の労使交渉ですぐさま気づくのは、会社側は明らかに正社員の労働時間を狙い奪おうとしていたことである。

たとえば、東急ストア労組の「長期五か年計画」で、労働者たちは賃金倍増に成功したが、週休二日制の導入は逸した。その間、時間外労働が増え三六協定違反が相次ぎ、またサービス残業が常態であることが問題視された。対抗措置をとる一方で、労働者たちにもそれを容認する意識がみられた。

西友では、会社側の営業時間延長への執着はあからさまであり、それを望まない労働者の抵抗をことごとく跳ね返し、職制を通じた妨害や労組への介入まで見られ、不当労働行為問題となった。

この他にも、ユニーの労働者たちが、定休日に営業するほどの営業形態協定違反に直面して地労委提訴に至ったり、長崎屋で長時間労働問題が解決されない例が見られた。イトーヨーカドーでは閉店時間の繰り上げ、年末年始営業など長時間労働をめぐって一進一退であったが一直性で長時間労働に逆戻りした。

これらの背後にあるのは、会社側は明らかに賃金に対してよりも労働時間に対する執着が強く、労働者はそれに抗いきれず徐々に受け入れざるをえなくった事実である。会社側は定期昇給を当然視しているだけでなく、大幅なベースアップを認める場合がある。

例外に見えるのは西友である。低賃金政策へも執着があるため、一石二鳥のように奪われようとしていた。典型的なのは長崎屋で、高賃金を獲得するかたわらで、常に労働時間を奪われていた。

こうして、労働時間を狙われ奪われる労働者として正社員が形成された。現在の正社員の労働問題を考えてみれば、優先的に想起されるのは、違法な長時間労働、サービス残業などで、はなはだしきは過労死、過労自殺である。

ただし、正社員でも賃金が狙われ奪われているはず、と考える向きがあろう。たとえば、不払い残業などは賃金を奪っているのではないかというわけである。だが、その際、働いていないことにされている点を重視している。たとえば、過労死に至った労働者は賃金が奪われていたのであろうか。労働者は明らかに労働時間が奪われている。同じ視点で不払い残業をみることができる。

話を戻すと、正社員に対してパートタイマーは、明らかに労働時間を狙われても奪われてもいない。もともと労働時間が短いから正社員のようにうまく奪えない。つまり奪うだけの時間が少さい。したがって、会社側は労働者の別のものへ、つまり直接に賃金に目を転じる。賃金が狙われ奪われる。パートタイマーの「労働者の宿命」である。

たとえば、イズミヤでは、早期からこれを避けるためにパートタイマー連絡協議会が結成され賃上げに取り組んでいた。だが、当初から正社員との賃金格差を解消するという企図はなかった。

また、パート基幹化が進行し、正社員並みの働きぶりと低賃金の差が多くなると、賃金を奪う的が大きくなった。これ以降現在に至るまで正社員との賃金格差は解消されていない。

ジャスコでも、パート基幹化の勢いが止まらず、パートタイマーの賃上げに取り組んだ。ただし、労働者集団を形成するためのパート組織化は会社側に阻まれていた。また、イオンとなった現在は組織化を実現しているが、それまでパートと正社員の双方の関係を明確に位置づけるのに長期を要し、その間の賃金格差は放置された。パートタイマーの労働問題と言えば、その筆頭は、抑制された低賃金や正社員との賃金格差、賃金不払いなどである。

いま一度問おう。「労働者の宿命」とは何か。メンバーシップ型雇用の主力である正社員は労働時間を狙われ奪われる労働者であり、メンバーシップ型雇用ではない非正社員は賃金を狙われ奪われる労働者である。この「労働者の宿命」の二分化が、メンバーシップ型雇用を構成すると考えてみる。これを起点に検討すべき点は少なくない。

まず、労働者は「労働者の宿命」に抗ってきた。宿命を変えられず、受け入れているが、変える方策を探し続けている。その結果、正社員はなんらかの折り合いをつけるように働いている。かつてチェーンストアの正社員には、その過程で、長時間労働もやむなし、として労働時間を奪われるのを容認する意識が芽生えていた。

その意識は、一九七〇年代から二〇二〇年代へ五〇年が経過しても強固なままであり、いわゆる「心理的契約」として粘着しているとみるのが妥当である。少なくとも、表面上は労働者の意識がメンバーシップ型雇用に合致しているのである。

また、「労働者の宿命」が正社員と非正社員で二分されていることが日本の雇用の特徴である。両者が水と油ほどに異なる二極になっていることが、非正規労働問題を発生させる原因になっている。

しかし、本質的には「労働者の宿命」に抗っていると考えると、齟齬が生じているはずである。それにもかかわらず、宿命を受け入れ、メンバーシップ型雇用を成立させられるだけの条件とは何か、条件が変われば再び宿命に立ち向かえるのか、といった点が探求されるべきである。これらを考えるためには労働実態や意識だけでなく、労働者の生活面を考えて、メンバーシップ型雇用を分析する必要があろう。

生活面まで含めると

労働者の職場での労働実態や意識などが探求される場合、多くは、生活実態は捨象されるか、きわめて軽微に扱われる傾向が強い。その逆もしかりで、生活実態や生活者意識を問う研究では、職場での実態が手薄になりがちである。

改めて、考えれば不思議な話である。労働者は生活者であり同一人物であるのに、労働面の対策を構想したり実行する際には、当然のように労働市場や人的資源管理に固執することになる。

研究だけでなく、労働運動や行政の場合も、生活を考えた労働、労働を考えた生活、という視点はそれほど強くない。あるいは暗黙の了解がある自明のことのようにも見える。自明な内容とは何を指しているのか。そんなに当たり前のことなのであろうか。

それどころか、労働者の生活面は、不可侵のようにも見える。たとえば、労働組合はどれほど「生活実態」に立ち入っているかをみればよくわかる。「生活実感」の把握までがせいぜいであり、それぞれの家庭内の詳細は不問とされる。

あるいは、ワークライフバランスの施策を考えてみても、女性が継続して働けるような政策や労働実態としての補助や保障に終始していることが多い。その意味では生活面になんら介入することはない。

そのうちに、労働面で粘着している労働者と企業との心理的契約は、外延して生活面にも及ぶ。たとえば長時間労働やむなしは、それに応じた、あるいはそれを前提にした生活もやむなし、とされる。

そこに「労働者の宿命」はどう関係するのであろうか。労働時間を奪われる労働者や、賃金を奪われる労働者はいかなる生活様式となっているのであろうか。ここでは、あえてメンバーシップ型雇用について生活面を取り入れて再考してみよう。

「F型」雇用とは

改めてメンバーシップ型雇用の主力労働者は誰か。どうみても男性正社員である。昭和の時代、長時間労働を続ける労働者を会社人間（あるいは企業戦士、猛烈社員など）と呼ぶことが多かった。会社に張り付き、残業や休日出勤を厭わず働き、とくに趣味もない人、家庭を顧みない人とされた。

会社人間にはいろいろな意味が込められていた。長期雇用が想定され、企業が労働者を囲い込み、労働者は企業にしがみつき、その心理的契約のなかで労働者は育成され、報酬を得ていた。つまりメンバーシップ型雇用の条件を十二分に満たしているという意味がある。

一方、趣味がないということの意味は実は大きい。家庭を顧みないと同等かそれ以上の想定で、つまり現在のワークライフバランスの問題に通じるものがある。会社か家庭かというせめぎ合いのなかに、趣味が入ってくる。まるで労働経済学者が、労働時間か余暇時間で労働供給を説明するかのようである。

そこには、労働者の生活における異常な企業への粘着があり、労働者にとっての粘着性が貢献度とみなされる資格を得るかどうか、企業メンバーになるかどうかの分かれ目がある。メンバーシップ型雇用が定着するほどにそれが当然視されるようになる。だが、その当然視が揺らぎ、範を超える貢献度が忌避されるようになると、労働時間かそれ以外か、ということになる。それ以外を増やせというワークライフバランスが登場する。

しかし、そこには家庭生活、とりわけ家族責任は見えにくい。本来は、大雑把なワークライフバランスではなく、労働と家族責任のせめぎ合いである、ワークファミリーコンフリクト（仕事と家族での役割をめぐって生じる対立）が相応しいはずだが、学者以外では使われない。会社人間の当然視が、ワークファミリーコンフリクトをなかったことにし、労働ではないが、家庭でもない第三の場所と時間である「サードプレイス」を認めるワークライフバランスを使うことになる。

話を戻すと、メンバーシップ型雇用の主力労働者の典型は男性正社員であるとともに、ワークライフバランスではなく、ワークファミリーコンフリクトの視点からすれば、企業へ極度に高い粘着度をもって捧げられる状態を許す、成立させられるだけの労働者である。一言すれば、家族責任を負わないのと同時に、メンバーシップ型雇用の中にいられるよう面倒を見てもらっている労働者である。企業の外にも労働があるのに、企業の中の労働に一点集中する労働者である。ケアをせずにされるだけで、ケアのことを自覚もしない、「ケアレスマン」と呼ばれることがある。

ここでは、日本の正社員の圧倒的多数は男性（male）であることを加味して、「M型雇用」（M型）と呼ぼう。すると、M型があることの根拠としても前提としても、典型的には女性（female）となる「F型雇用」（F型）が出現する。

図表3-4　メンバーシップ雇用とＦ型・Ｍ型

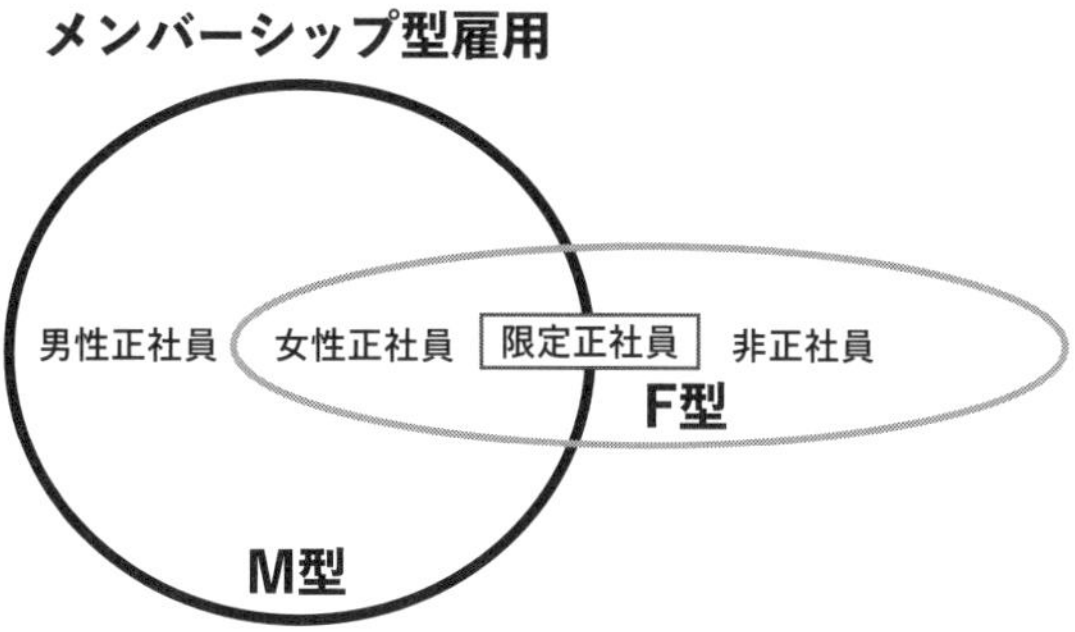

「Ｆ型」の展開×「労働者の宿命」

Ｆ型は、メンバーシップ型雇用の中にも外にも存在する（**図表3－4**）。すなわち、メンバーシップ型雇用の男性正社員と相並ぶ女性正社員がいる。だが、女性正社員が退職しメンバーシップ型雇用から外れる場合は、男性正社員がメンバーシップ型雇用に留まる場合より多い。退職すれば、メンバーシップ型雇用の特性からして、つまりメンバーシップ型雇用の採用慣行の壁が立ちはだかるから、他社のメンバーシップ型雇用へは入れない。また、退職理由が結婚、出産、産後育児、介護などケア労働への移行であれば、あたかも必然的にメンバーシップ型雇用の資格を失う。こうした女性が雇用される選択肢は、非正社員となる。

退職せずに企業に勤め続ける女性正社員がいる。だが、ケア労働があってもなくても男性正社員と同様にメンバーシップ型雇用の一員であり続ける女性と、ケア労働のためにあたかもメンバーシップ型雇用の資格を失った待遇の女性に分かれる。前者はM型の女性であり、後者はF型の中でいわゆる「マミートラック」を自覚したり経験して、退職確率が高まっていく。

こうしてF型の中で、正社員か非正社員かという分岐が始まる。近年では、それらの中間に限定正社員が出現しているから、限定正社員を選択するF型がありうる。メンバーシップ型雇用が求める貢献度とは違うF型に入るが、正社員という言葉が付してあり、正社員の体裁をとる。

M型とF型は、男性と女性ではなくメンバーシップ型雇用から派生した雇用のタイプであるから、M型の女性もF型の男性も存在する。正社員の男女比率、非正社員の男女比率に偏りがあるなかで、F型として形成された非正社員で働く男性が増えたり、出産後に継続就業と呼ばれ、F型として形成された正社員で働く女性が微増したりしている。

依然としてM型のハードルは高いが、温存されている。M型からの脱落と見なされ、ケア労働が無償性に引っ張られるF型の典型例である非正社員と正社員の待遇格差問題も温存されたままである。また同じ理由で、正社員ではM型とF型とでいわゆる「ガラスの天井」や格差が発生し、男女間賃金格差として現出している。

こうしたM型とF型に「労働者の宿命」を被せてみると、メンバーシップ型雇用が何であるのかわかりやすい。M型は真っすぐに労働時間を奪われる労働者である。やや乱暴だがあえてわかりやすく表現すると、労働者から見れば、労働時間はNG（奪われやすい）だが賃金がOK（奪われにくい）な労働者である。無限定正社員の労働実態を想起すればわかりやすい。

これに対してF型はM型を成立させるための労働者で、労働時間の的は小さいから奪いにくく、奪えない。労働時間がOK（ケア労働時間はNG）だが賃金がNGな労働者である。主婦パートを想起すればわかりやすい。

限定正社員はどうなるのか。労働時間OKと賃金NGそれぞれに制約がつく、と考えてみればわかりやすい。両方が限定的に奪われるハイブリッド型である。その意味では正社員が付してあるが、実体は非正社員といえる。

メンバーシップ型雇用の中心をなすM型を成立させるためにF型が生まれた。メンバーシップ型雇用の議論にジェンダーギャップの視点が入り込むことは稀である。したがって、メンバーシップ型雇用の現状や課題を議論する場合、M型の女性を減らさないことに集中し、F型自体が取り上げられることはない。

メンバーシップ型雇用はジェンダーギャップ指数最劣悪国の雇用制度であり、ワークファミリーコンフリクトの視点を持つことすらままならないから、F型は消され、M型を成立させていることも、水と油ほど「労働者の宿命」が異なることも意識されることはない。その先に、M型だけを見て、メンバーシップ型雇用を変えようという方向性がある。

企業別労働組合

メンバーシップ型雇用が主流である日本の労働組合はどうか。労使協調型組織、生産性向上への拘泥、組織と活動の減衰、男性正社員主義、企業以上のジェンダーギャップなど、定説や現象から入ることの利点もあるが、ここではやはり「労働者の宿命」から入ろう。

日本で圧倒的多数を占める企業別組合は、ユニオンショップ協定を締結する場合が多い。ほとんどの労組では、組合員の最大勢力は男性正社員であり、労組役員の中枢を占めるのは男性正社員である。企業別組合では、社員と組合員の二重性が指摘されることが多いが、メンバーシップ型雇用の主力メンバーはM型で、労組の主力メンバーもM型であるという二重性がある。その意味で、メンバーシップ型雇用を支え、補強する組織という一面があり、メンバーシップ型雇用と表裏一体であると言ってよい。

それでは、「労働者の宿命」からすれば、労働組合は賃金がOKで労働時間がNGになるに至る活動の軌跡が見られるのであろうか。一九六〇年代以降のチェーンストア労組を見る限り、答えはイエスである。

端的にそれがわかるのが、東急ストア労組の「五か年計画」であった。全力で賃金と労働時間の双方に取り組んでも、賃金は獲得できたが、労働時間短縮は不首尾に終わった。他のチェーンストア労組も同様である。M型の働きぶりを顧みていくら労働者が希求しても、労働時間はNG

のままであった。それで働きぶりを埋め合わせるように、さらに賃金を獲りにいくことになる。一方、イズミヤ労組が象徴的であるが、ストライキを辞さず果敢に賃金を獲得していた。他の労組もほとんど同様である。その意味で、まるで労働時間と引き換えるようにM型の賃金はOKであった。ほぼ唯一の例外は、西友労組であった。西友では、経営者の強力な低賃金への執念が、賃金だけはOKとすることを最後まで阻んだ。

これらの過程で、あるいはその以後も、企業別組合は正社員に関して賃金OK・労働時間NGの関係を破壊したことはなかった。つまり、第一章で見たように、ダイエーが職能給へ舵を切って以来、業界労組は、職務給ではなく生活給や職能給を主軸とする賃金制度の整備に進み、常に定期昇給とベースアップの両方を獲得しようとした。職能給という日本の「大通り」からはずれることを避けていた

ただし、仮に労働者の要求として職務給へ舵を切っていたとしても、M型とF型が残されるのであれば、メンバーシップ型雇用を堅持する圧力が大きくなり、職能給へ揺り戻されることになろう。いずれにせよ、その間に正社員の賃金と労働時間をめぐる心理的契約は強化されていったからますますメンバーシップ型雇用は強固になった。この点は、現在でもメンバーシップ型雇用から脱却するのがいかに難しいかを暗示している。

一方、イズミヤ労組やジャスコ労組は、非正社員、とりわけパートタイマーの労働条件に取り組んだが、パート活用の高まりに対してその待遇が改善されるまでの遅滞がみられた。さらに、

正社員の働きぶりが視野に入った基幹化がみられるようになっても、表面的な労働条件の向上はあったとしても、基幹化の程度と低待遇の落差はむしろ広がった。その間の企業別組合には、パートタイマーの待遇の底上げには努力しても、正社員との格差是正を完遂するという発想は確立されなかった。

すなわち、賃金格差は温存されたまま非正社員の賃金はNGであり、労働時間は少なくとも奪われずOKである。企業別組合は、男性正社員主義であり非正社員の取り組みが脆弱であると言われる。だが、もう少し立ち入ってみると、同じ仲間であり連帯できるとはいえたとしても、宿命の違う労働者を企業別組合が取り繕っても有効な活動ができているわけではない。そうなると、等分な活動はできず、勢力も権力も大きいM型労働者が優先される。

雇用か、それとも賃金か

上記の内容は、とくにチェーンストア業界が伸び盛りであった時代には当てはまり観察しやすかった。だが、成熟した産業では、国内外の競争激化のため、淘汰が始まる。チェーンストアも例外ではなく、一九九〇年代の「小売業冬の時代」以降は経営破綻が相次ぐなど、雇用自体が危ぶまれることとなった。

そうであれば、労働時間と賃金の「奪われぶり」は変わらないとしても、雇用問題が混入してくるため、企業別組合にとって雇用の維持が重大事となる。ヤオハン、長崎屋、ダイエー、寿屋、マイカルなど、隆盛を誇ったチェーンストアは沈没しはじめ、それぞれの再生の道を探った。チェーンストア労組は再建に大きな役割を果たしたが、その渦中で明らかに雇用を優先した。つまり、賃金も労働時間も後退してともにNGとなる事例が出てきた。

チェーンストアに限らず、企業別組合という労働者の集団は、危機的状況になると、賃金も労働時間も奪われる労働者となる。翻って、平時は危機的状況に陥らないよう予防しながら、賃金か労働時間を奪われないようにする状態であることがわかる。

雇用か賃金かという議論はわかりやすいが、実はその水面下では賃金か労働時間か、という「労働者の宿命」に挑んでいるのである。その際、多くの場合は、日本の労働者は賃金を奪われないように腐心してきたと言える。

もちろん、労働時間が奪われやすい裁量労働制や高度プロフェッショナル制度で「労働者の宿命」が強化された面はあるが、その半面、労働時間を奪われないようにする方策も模索してきた。その一例は、勤務間インターバル制度の導入であろう。厳格に運用されれば、労働時間を奪われにくい仕組みであるのは間違いない。

労働時間制度をめぐる労使のせめぎ合いは、労働時間を奪い奪われる関係のせめぎ合いと解釈できる。企業別組合やその連合体の労働運動を見る限り、労働者集団は、ますます賃金をOKにしておくための努力を注ぎ続けていると思われる。仮にそうであれば、「労働者の宿命」は固まっていく。

結局、正社員はある程度安定的な雇用であり、労働者集団は、それと引き換えにされがちな低い賃金に徹底的に対抗する。だが、その賃金を得るために労働時間を差し出すことを強要されてしまう。これは現在の企業別組合の姿そのものであろう。その裏側には、不安定な雇用であるが労働時間を奪われないために賃金を差し出すことを強要される非正社員がいる。それを黙認するのも企業別組合の一つの姿である。

これは「労働者の宿命」を強化することになるし、水面下では、ジェンダーギャップの維持でM型を支えることを通して、F型を容認することになる。こうした企業別組合は、潜在的にはF型労働者にとって不要である。多くはユニオンショップ協定であるため問題化しないが、それがなければ、F型労働者は、脱兎のごとく企業別組合と決別することになる。

パートタイマーの基幹化

チェーンストア業界では、非正社員の多くはパートタイマーであり、その最大多数派は主婦パートである。主婦パートの登場から、均衡概念の登場や「パートタイム労働法」制定の根拠となった基幹化の進展が見られる。

かいつまんで言えば、主にパート活用が始まった一九七〇年代から、正社員の補助者として登場し、戦力化の時代を経て、二〇〇〇年代に基幹化の時代へ突入して現在に至っている。

チェーンストア業界がパートタイマーの本格活用に踏み切った地点は、一九七〇年代に各社の労使が導入に躍起になっていた週休二日制の対応策のなかにある。すなわち、長時間労働の渦中にあった正社員で週休二日を成立させるための代替要員、いわば助っ人である。一方では、業界が追求したハード、ソフト両面の標準化を裏づけた技術革新の波もパート化を加速させた。「専門の、専任の誰か」ではなく、「誰がやってもできる」作業を足がかりにして、大量に増員していったのである。

正社員たちは長時間労働をこなしながら、パートタイマーの増加を横目でみていたが、気がついた時には人数が逆転し、その数は二倍、三倍へとぐんぐん開き、放置するわけにはいかなくなった。予想以上に働きぶりがよく、賃金が格段に低いパートタイマーの役割は、代替要員の範疇を超えていった。

二〇〇〇年以降、パートタイマーの組織化が加速し、同じ企業別組合の仲間になった。だが、賃金の低いパートに対しては、労働時間と引き換えに賃金を得ている自分たちとは違う、と正社員たちは「労働者の宿命」の違いを感じていた（いる）。だから、根底では正社員組合員にパートも正社員並みの賃金を、という発想はない。

正社員と非正社員が同じはずがない。だが大きすぎる格差は問題であり、許されない。だからできるだけパートの賃金を上げ、今日より明日、今年より来年は賃金をより「まし」にするべきである。宿命の違う労働者同士のすれ違いから生まれる、このいわば「まし論」に、同一労働同一賃金が思うように進まない根源的な理由がある。

同一労働かどうかが争われる段階にあっても、同一賃金は許されず、むしろ同一でない論理の模索が続く。なぜ、どのように同一ではないのかを熟考している状態では、非正社員は賃金がNGな労働者という「労働者の宿命」どおりとなる。

「F型」としてのパートタイマー

そのパートタイマーは、F型である。どう考えればよいのか。メンバーシップ型雇用の外にいるF型は、正社員にあらず、というだけでなく、ケアする側という積極的意味を与えられる。非正社員の圧倒的多数は女性であることに符合する。したがって、メンバーシップ型雇用の心理的契約を緩くすれば正社員が増え、逆もまたしかりとなる。

心理的契約を緩く、というのは制約をどこまで認めるかである。日本企業の女性活躍対策は、ほぼこの点を問題にしている。たとえば、「結婚退職」から「出産退職」への契約変更により、女性正社員の割合を押し上げ、その先を模索している。

だが、契約に違反したとみなされたり、違反することを予測したF型は退職していく。家庭生活でのケア主体の役割は消えないから、再び職業生活に入るのならメンバーシップ型雇用の心理的契約に対して制約のある制約社員となる。企業内にいてもメンバーシップ型雇用内にいない。

この制約社員を、大きな意味での契約社員とみなすことができ、実際には契約社員、嘱託社員、パートタイマーなどと呼称している。パートタイマーに関して言えば、もはや正社員経験者がほとんどを占め、男性と並んで働いてきた経験がパート基幹化の素地になっている。

中小企業の労働者

なお、中小企業の正社員は、賃金と労働時間ともにNGであり、だから「労働者の宿命」は該当しない、という向きがあろう。確かに、賃金も労働時間もNGという労働者が散見される。この理由について使用者の支払い能力が問題だと説明するのは簡単である。だが、「労働者の宿命」から考えれば、中小企業の正社員は、大企業のM型とは異なるという説明のほうが妥当である。

すなわち、中小企業の使用者は、表面上の制度や慣行は別にして、実際にどれほど正社員と非正社員の区別を意識した待遇を考えているのであろうか。大企業のようなメンバー性を求めているのかどうか。たとえば、大企業は定期昇給の縮小や一時凍結はあったとしても、定昇を廃止する動きはほとんどみられない。賃上げが停滞しても賃下げはない。

こうした待遇をメンバー性の維持費であると考えてみると、メンバー性の高い正社員とそれが低い非正社員の区別は一目瞭然である。そこに正社員の労働時間のほうを狙われ奪われるという

「労働者の宿命」の原点があり、賃金を狙われ奪われないという心理的契約の根拠がある。さらに言えば、賃下げを行うその時以外は、メンバーシップ型雇用からの離脱はフィクションである。

ということは、定昇がない中小企業では、メンバー性の低さによって両者は接近する。わかりやすく言えば、中小企業には非正社員のような仕事や働きぶりの正社員がいたり、逆に正社員のような仕事や働きぶりの非正社員がいるのかどうかである。

「労働者の宿命」が存在しないのではなく、正社員から賃金を奪ったり、あるいは非正社員から労働時間を奪ったりするのは、大企業のようなM型が存在しないなかで、意識するにせよ無意識にせよ、混沌とした労働者として扱うために「労働者の宿命」が発現しないのではないか。もちろん、中小企業にもF型は存在する。日本にF型のいない企業などない。

また、中小企業には企業別組合が存在しないことが多い。メンバーシップ型雇用と表裏一体の推進力がなく、「労働者の宿命」へ対抗することもなく、それが固まることもない。労働時間と賃金の両方を奪われるという深刻な問題に直面した労働者は、企業別組合を通じた解決能力を持たず、個別的労使紛争に進む場合がある。そこでは両方が奪われるケースが争われて蓄積され、あたかも「労働者の宿命」がないかのように見えている。だが、「労働者の宿命」から逃れているわけではない。

「メンバーシップ型雇用」の「設計図」

メンバーシップ型雇用を「労働者の宿命」から考えると、企業には労働時間を奪われる正社員と、賃金が奪われる非正社員が混在していることになる。一方、企業には、メンバーシップ型雇用のメンバーであるM型とメンバーではないF型が混在している。

既述のように、F型は、正社員のままでメンバーシップ型雇用かは外れる場合と退職して非正社員になる場合がある。F型の正社員のキャリアは家族責任などで中断されるから、賃金や昇進昇格の格差が生まれる。男女間賃金格差やマミートラックなどは最たる例であろう。

これらはタイプであり例外があるが、もっともわかりやすいのは男性のF型（男性非正社員）、女性のM型（キャリアの中断がなく退職もしない女性）であろう。メンバーシップ型雇用は雇用の類型であるが、労働者の類型を考える際に、生活も視野に入ると、F型とはM型が生み出し、メンバーシップ型雇用を成立させていることがわかる。また、正社員と非正社員の「労働者の宿命」を生み出す。両者の別れ具合こそが、正社員と非正社員を二極化させる根拠になる。

メンバーシップ型雇用の「設計図」が見えてきた。それは現実の労働情勢に当てはめればわかりやすい。そう考えて、次章でメンバーシップ型雇用を「働き方改革」に重ねてみることで、本書を閉じたい。

終章

「働き方改革」と「メンバーシップ型雇用」

「働き方改革」を題材に

これまで明らかにしてきたメンバーシップ型雇用の形成過程や到達点を前提にして、改めて働き方改革とは何かを検討しよう。その試みはメンバーシップ型雇用とは何かを知るリトマス試験紙であり、何をすべきかを考える営みそのものである。最後に検討するゆえんである。

二〇一〇年代後半から喧伝され始めた「働き方改革」なる言葉は、労働分野では珍しく長続きしたキーワードであった。だがある意味では、当然である。労働者を苦しめてきた「労働者の宿命」、つまり正社員と非正社員がそれぞれ労働時間NGと賃金NGから、脱することができるかもしれない、と期待感をくすぐるからである。

しかし、さしたる成果もなく、理想なのか幻想なのかが問われ始めたところで、それすらもなかったかのようにないまぜにした新型コロナ危機が襲った。働き方改革どころではないとそれが消失するかのような方向や、リモート勤務に目を奪われて「出社マスト」を疑うことへ矮小化されてゆく方向などへ拡散していった。

働き方改革を考えるための論拠とされるのは、二〇一七年三月の「働き方改革実行計画」であるが、これは二〇一六年九月に設置された働き方改革実現会議で、有識者、使用者側、労働側が議論した成果として合意形成されたものである。

働き方改革の意義や一〇年間計画は別にすると、具体的な改革対象は一一項目である（**図表4**

図表４－１　働き方改革実行計画

改革項目
同一労働同一賃金など非正規雇用の処遇改善
賃金引き上げと生産性向上
罰則付き時間外労働の上限規制の導入など長時間労働の是正
柔軟な働き方がしやすい環境整備
女性・若者の人材育成など活躍しやすい環境整備
病気の治療と仕事の両立
子育て・介護等と仕事の両立、障害者の就労
雇用吸収力、付加価値の高い産業への転職・再就職支援
誰にでもチャンスのある教育環境の整備
高齢者の就業促進
外国人材の受入れ

（資料出所）働き方改革実行会議『働き方改革実行計画（概要）』2017年。

－１）。この中で集中的に扱われ、まがりなりにも改革の努力を継続しているという意味で中心に位置付けられているのは、長時間労働の是正と同一労働同一賃金である。これら以外の項目は、必要な時に間断的に取り上げられてきた。このように働き方改革実行計画は働き方改革の大方の「作法」を決めていると言える。

　つまり、最重要課題として正社員の長時間労働、非正規労働者の賃金の改善が必須となり、とりわけ前者への傾注がみられる。長時間労働こそ労働者の実感に沿う改革内容である。だが、現状をみれば明らかなように、働き方改革はほぼ五〇年にわたり改革に取組んでも実現できていない事実の延長線上にある。それを改革と呼んでいることになる。

　要するに、「現状を否定して改める」という聞き心地のよい言葉の横には「これまでどおり努力する」という真意がある。たとえば、非正規という言葉を一掃する、という言い方が物議をかもしたことがあるが、働き方改革という言葉自体がなくてもよかったのかもしれない。

労使の攻防や不正統計の露見などを含めて振り返ってみれば、働き方改革の顛末としては、政治の手段に使われた一方で、強固な「労働者の宿命」に裏づけられたメンバーシップ型雇用の強靭さを証明したものと考えることができる。

念のため言えば、働き方改革を無駄な努力と断じたいのではない。そろそろ、連綿と続けてきた努力のなかに、なぜ実現できないのかを考える材料を見つけたい。

チェーンストア労組の幾多の事例と経験からヒントを見出すとすれば、何に目を凝らせばよいのであろうか。働き方改革実行計画に戻って、長時間労働の改善、正社員の賃金上昇、生産性の向上の三つを並べた大きな図式だけをいえば、労働者は明らかに生産性向上を追求して、その見返りを求めた。

だが、経営者は長時間労働についてはほとんど譲らず、賃金については譲ってきた。つまり、労働者は賃金か労働時間かで前者を選ばされた。あるいは選んだ。一九七〇年代にこの分岐を通過していたのである。

これを「労働者の宿命」論と照らしてみれば、正社員は、労働時間を奪われる労働者へと進むメインストリートに合流していた。その背後には、それと引き換えるような賃上げ、定期昇給、一時金および毎年の増額がある。賃金を奪われる労働者との運命の決別がある。

こうした賃金と労働時間の分岐の水面下には、業界に不可欠だった頻繁な広域転勤が企業成長とともに増加し、同時にグループ企業化による出向が加わった。働き方の無限定性が拡大していったのである。つまり、メンバーシップ型雇用が形成されていく局面であった。

「F型」はやはり隠されている

そんなメンバーシップ型雇用の主役はM型であるが、M型だけではメンバーシップ型雇用は成り立たない。M型たる働き方を支えるためにはF型を必要とする。この事実は、F型で働く当人たちが、つまりそのほとんどを占める女性が痛感していることである。しかし、メンバーシップ型雇用を議論する場合には、決して表面に出てこない。その意味でF型はメンバーシップ型雇用の「黒子」である。ほとんど知られていないことだが、それを象徴する一例が働き方改革の議論でも見られる。

二〇〇七年一二月八日、公労使で「働き方を変える、日本を変える行動指針」の「ワーク・ライフ・バランス憲章」が制定された。これに先立つ二〇〇七年一一月九日の第六回作業部会が議案としていた「憲章」案には、日本の社会の仕事と生活の間には四つの問題点があり、その一つとして、女性が仕事と子育ての二択を迫られる、と明記されていた。この二者択一から生み出される F型が問題視されていた点は評価されるべきであろう。ところが、経緯は不明だが、五日後の第七回作業部会では、この文言のみが削除されて三つの問題点とされ、第八回最終作業部会、上部組織の官民トップ会議を経て、足早に「憲章」の制定へ至った。

家庭生活をケアする側とケアされる側の関係がビルトインされているメンバーシップ型雇用の議論では、F型は存在しないかのようにされてしまう。働き方改革は、M型だけに、あるいはF型とは別個の扱いで非正社員にも、注目が集まる結果となる。あるいは注目を集めるようにしているのかもしれない。

強固なジェンダーギャップがある場合にのみ通用する、家庭生活をケアする側とケアされる側のいびつな関係は、このままでよいのか。是とするのなら、働き方改革は偽装改革になる。働き方改革とは職業人生の改革であるから家庭生活は不問にされるか、せいぜい職場を出たところまで、というままになる。そうであれば、働き方改革の実現は不可能であろう。すでに提示したF型をM型を描いた**図表3－4**を一分間凝視すれば、働き方改革と表裏一体の「暮らし方改革」が見えてくるはずである。同時に見えるのは、暮らし方改革ができないのに働き方改革を進めるという行為の愚かさである。

この点でも働き方改革とは、成功や失敗の以前に聞き心地の良さが先行するだけの空疎な迷走であったと言える。しかし、だからこそ、働き方改革の顚末から、メンバーシップ型雇用の見取り図がはっきりと見える。

「F型」を見よ！

メンバーシップ型雇用は少なくとも半世紀以上にわたって連綿と続けられてきたため強靭である。その「見取り図」から、「労働者の宿命」を受け入れる心理的契約や、成立しないはずのM型を支えるF型により、がっちりと組み上げられていることがわかる。したがって、メンバーシップ型雇用を変革するという命題がある場合、メンバーシップ型雇用自体を取り除くことは非現実的であると思われる。

したがって、メンバーシップ型雇用自体を取り換える場合を除けば、メンバーシップ型雇用を分解して主要な部品を取り換えるかどうかが焦点となる。おそらくメンバーシップ型雇用自体を取り換える最たる例が「ジョブ型」というわけであろう。だが、ジョブ型へ全面的に切り替える議論というより、部品交換でジョブ型に進むというのなら不可能であろう。「設計図」と部品がまるで異なるからである。

メンバーシップ型雇用の部品交換が現実的であるとすれば、改革の方向は明確である。メンバーシップ型雇用をまず分解してみればよい。するとF型とM型が取り出せる。M型を変えようとした働き方改革の顛末を見れば明らかだが、不可能である。もし着手するとすれば、M型を成立させるF型を変えるのが妥当であるし有望である。「暮らし方改革」もともなう。隠されてきたF型に着手できるかどうかこそが、優先されるのである。

「F型を見よ！」。これが、「メンバーシップ型雇用とは何か」という問いかけに対する一つの答えである。働き方改革を進めるのなら、「労働者の宿命」を知ること、メンバーシップ型雇用をF型とM型で考えること、暮らし方改革を念頭に置くことの重要性は明らかである。

改革のルートは環状線のようなものと考えられる。メンバーシップ型雇用が見通せているのであれば、どこから入ってもよい。たとえば、改革をメンバーシップ型雇用の改廃に求めるのなら、F型とM型をどうするのか。暮らし方は〝余暇時間の拡大〟ではなく〝ケアの改変〟と考えると、それをどう変えるのか。「労働者の宿命」からの脱却に挑戦するのなら、宿命が異なり水と油のような正社員と非正社員をどうやって同時に脱却させるのか。そのために新しい働き方を開発するのなら、メンバーシップ型雇用をどう変えるのか、などである。

だが、改革について、いわばカメラワークの「寄り」でみれば、働き方改革実行計画のように、長時間労働や賃上げなど個別課題から入ってしまう。これまで連綿と改革を続けてきたことを認めて、歴史的視点から「引き」でみれば、案外に分解が効かないことに気づく。分解できないのであれば、一括解決は難しい。

労働者の一部に弊害を押し付けることなく解決するとすれば、使用者、労働者、正社員、非正社員、男性、女性など、当事者間の交渉と妥協に進むしかない。泥沼のような交渉や妥協もなしに、他国の良さそうなモデルをなぞってメンバーシップ型雇用を変えて一発逆転を狙うのは通用しないであろう。

ジョブ型雇用ではなく、F型をどうするかであろう。ジョブ型雇用でF型を変えられるか。答えはおそらくイエスであろう。しかし、道すじが細く、変革力が微弱である。むしろ、例えば、子どもを生み育てる方が抑制されるなど、労働者がケアを避けようと自律的にF型を壊そうと調整し、出生率を下げ続けているのが現実である。

解決策の一つがジョブ型雇用だということなら否定はしない。だが、百歩譲って、ジョブ型雇用にできたとしても、F型の根拠はなくならない。ということはジョブ型雇用論議もまたM型向け対策なのである。ジェンダーギャップ最劣悪国では、雇用から変えるのは難しい。

現実性を脇に置くとすれば、メンバーシップ型雇用を変革する際の解決策は、明確であるように思われる。労働者にとっては、正社員の労働時間と非正社員の賃金を狙われ奪われることを避ける手段を持つこと。労働組合はF型を優先課題対象に引き上げて「労働者の宿命」に対抗する取り組みを続けること。

言うは易く行うのは難し。だが、あたかもメンバーシップ型雇用を全面切り替えすることよりも、M型だけを標準とみなしてマイナーチェンジすることのほうが容易である。難しいほうへ一歩踏み出せるかどうかである。労働者はメンバーであるM型のみではない。あらゆる労働者にとって切実な問題へ、それぞれの対策を議論することが優先されるべきではないのであろうか。

「労働者の宿命」から見れば、メンバーシップ型雇用からの離脱はフィクションである。ただし、大局的にみれば、純化してきたメンバーシップ型雇用が反転し、擬似メンバーシップ型雇用へ向かおうとしている。しかし、この局面で、Ｆ型問題に着手しない限り、擬似メンバーシップ型雇用もおぼつかない。もう一度言おう。

「Ｆ型を見よ！」。

あとがき

本書の大部分は二〇一八年から三年にわたり『賃金事情』誌に連載された「タイムトラベル労務事情」の論考に依拠している。その執筆のために、長崎屋労組の機関紙を読み込んでいるうちに改めて気づいたことがある。

一九八五年「男女雇用機会均等法」以前には、女性正社員の労働条件や就労環境に関する活動がみられた。主に腱鞘炎問題や、母性保護の観点から女性の働く権利と職場環境づくりに取り組んでいた。だがこれらも職業病という緊急課題や、上部組合からの働きかけによる外圧に促された対処であり、メンバーシップ型雇用の根幹に関わるわけではない。

これら以外には、ほとんど女性正社員に関する活動はみえてこない。それどころか、女性のことは女性の力で対処すべし、と言われていたことや、女性がせめて五年は働きたいと考えていること、夫が妻の再就職に反対していること、女性は男性と同じ仕事をしているのに差別されていると感じていること、男性本位の発言が目立つことなどが各所で噴出している。

明らかに労働者集団の営みから女性問題が欠落しているのである。つまり、賃金や労働時間など、（男女の）正社員で取り組む項目以外に、女性正社員独自で取り組む項目がほとんどない。それは、女性が結婚などで早期に退職するからであり、賃上げにせよ、労働時間にせよ、活動の恩恵は短期在職中に限られる。

女性は退職した後は家庭生活のケアに回るから、企業別組合の活動の多くは男性のためのものである。たとえば、在職中でもほとんどの女性正社員には、男性正社員にはあたり前であった生活給の恩恵はない。他方、女性正社員に残業緩和措置があったり、有休取得率が高かったりした。男性正社員は、家庭生活でケアされながら勤め続け、次々に転勤して長時間労働の職業生活を続ける。男女でメンバー性が異なり、働き方が違うから待遇も違う状態は、遅くとも一九七〇年代には固定され、心理的契約として締結されていた。アメリカ流のはずのチェーンストア、もともと中小企業であったチェーンストアでも、である。どうみても、女性正社員は、労働時間を奪われる労働者ではなかった。女性正社員はM型ではない。では何者であろうか。こうして、長崎屋労組の機関紙から、F型の隠されようを感知できた。

本書の出版は、実は『新しい労働社会』を著した濱口桂一郎氏の胸を借りるつもりで構想したのが、スタートラインであった。この本は新書であり淡々と書かれているが、日本の雇用を見通す奥深さがある。メンバーシップ型雇用という概念もわかりやすいが、そこに至るための博学ぶりに感嘆した。筆者がこれまで研究してきたチェーンストア産業の労働問題をメンバーシップ型雇用で跡づけてみるとどうなるか。そんな本を書きたくなったのである。

二〇二一年、濱口氏は新著『ジョブ型雇用社会とは何か』を出版した。メンバーシップ型雇用からジョブ型雇用への転換という安直なアイデアに見られる無知や誤解に向き合う、という態度が色濃い。しかし、この新著のタイトルは『メンバーシップ型雇用社会とは何か』であっても十分通用するほどで、やはりメンバーシップ型雇用を明らかにしている。

私はジョブ型雇用論議の錯綜には、別の理由もあると考えている。経営学を学んだ者からすれば、すぐ直感することだが、「ゴミ箱モデル」の状態になっているからである。

さまざまな人々がその問題意識やそこから考えた問題解決の選択肢を投げ込んだゴミ箱から、別の人が別の選択機会に解決策として決定するという意思決定の考え方ができる。このため、問題意識や解決策は常に変動しタイミング次第となる。経営者は労働者や雇用だけに心を砕くわけではない。広く（浅く）考え、「いいとこどり」の決定に至る傾向は否めない。

さて、もう一つ、濱口氏の本の特徴をあげよう。複数の著作の中に種を仕込む傾向があることである。女性、中高年、若年、と腑分けして別の本で丁寧に書く。だがそれを体系的に考えるのは読者にゆだねられるからしんどい。いずれにせよ、私の専門領域で、あるいは方法論で、メンバーシップ型雇用がどう見えるのか、どのようになるのかについての興味は変わらなかった。

本書は、濱口氏の説に異論があるわけではない。むしろ同じことを別の資料で明らかにしている点が多い。だが、勉強させてもらったお礼のつもりで、濱口説と対話した場合の本書の特徴を書くことで、あとがきに代えたい。ボクシングにたとえるのなら、チャンピオンにスパーリングしてもらい、クリンチした時にちらりと見えたものを書くようなものである。主に五点ある。

第一に、濱口氏は、日本の労働組合が企業別組合であることが、メンバーシップ型雇用を形成している要因の一つであるとする。つまり、メンバーシップ型雇用と企業別組合は整合的であり、労組の機能がメンバーシップ型雇用の形成に及んでいることになる。本書は、労組を機能として見るわけではなく、労働者の動きをつかむために、労働者の集合体とみる。つまり労働者の行動や意識がメンバーシップ型雇用へ向かうことを確かめようとした。

第二に、ただし、濱口氏は一方で労働者も見ている。正確に言うと労働者が立つ位置を見ている。なぜ、その位置にいるのか。どうしてそこへ促されるのか、と。つまり、労働者を動かすロジックに着目する。そこに優れた論を立てる。本書は動く人間のほうを見る。どうして動いたほうを見ないのか。それは見えにくいからである。

第三に、濱口氏はメンバーシップ型雇用から脱することができるとの誤解を正す。つまり、メンバーシップ型雇用を変えるのは一筋縄ではいかない。だからこそ、メンバーシップ型雇用をどうせよ、とは書かない。またメンバーシップ型雇用を前提にした働き方改革にも一定の評価を与える。本書も容易には変えられないとの立場は同じであるが、メンバーシップ型雇用のいわば「見取図」を書き、変えるためにもっとも注視すべき点を指摘する。

第四に、濱口氏は、労働者について正社員とそうではない非正社員に分ける。その際に労働者の賃金と労働時間を凝視するのであるが、メンバーシップ型雇用の帰結として議論する。本書は、メンバーシップ型雇用の帰結ではなく、それぞれの労働者がどう形成されているのかを見る。同じく労働者とはいえ、それぞれの宿命を持つことを重視する。

第五に、濱口氏はメンバーシップ型雇用とその周辺という構図にして労働者を検討している。本書は、メンバーシップ型雇用を構成するM型とそこに入らないF型の構図を起点とする。世界の中でジェンダーギャップが最悪な国に根を下ろしているのがメンバーシップ型雇用であると見る。すると、M型を支えているF型が鍵を握ることがわかる。

以上の点をあえてまとめると、濱口氏の著作は正攻法の分析であり応用範囲が広く有力である。だが、誤解をおそれずに言えば、雇用の姿をタイプとして描くので、緻密な絵のようなものである。対する本書は、チェーンストア業界のケーススタディであり、労働者の宿命とM型・F型が織りなす労働者の動態的メンバーシップ型雇用であるから、いわば動画である。

前述の『賃金事情』誌「タイムトラベル」の企画には、埋もれた歴史から働き方改革を考える材料を掘り出して欲しいという、同誌編集長（現在は『人事の地図』誌を担当）の境野剛さんの意図がよくわかったので、即座に引き受けた。毎月の連載を三年間続けた。

休みなく毎月五〜六本の連載を続けていると、締め切りに追われる苦しさや楽しさで満々になりながら、好奇心が高じてあらぬほうへ向かう。本来は全員が無関係で出合わないはずの編集者たちを集めてみたくなった。悪い癖である。

コロナ期の前には、年に二回、半年分の連載をバインドした手作りの冊子をつくり、お世話になった編集者たちに配るという名目で、懇親会を開いて交流していた（現在はコロナ禍と私の大阪移住により中断)。所属する出版社や団体、世代が異なり、主義主張が異なる男女の編集者たちが集まって、遠慮なく言いたいことを言っている空間は、異次元の世界であった。そこに混じって情報と意見を交換しているうちに、なんだか大切な歴史がないがしろになっているな、という話になった。

「コストパフォーマンス」や「タイムパフォーマンス」が優先される時代になっている。そのせいか出版業界では読者が様変わりした。単著の学術書が減り、駆け出しの研究者まで動員したテキスト出版に傾注している。研究者もコスパ・タイパになっている。

もしかしたら、私の疑念は編集者たちの信念に通じるものがあったのかもしれない。「軽薄な本ばかり書いている」と言われる私のこうした生意気な疑念を『労働法律旬報』誌編集長の古賀一志さんが拾ってくれた。出版の話に進み、境野さんも同意してくれた。本書は、無理やりにでも(その割に皆さんは面白がっているが)引き合わせてこそ実現できた三人の合作であると思っている。もちろん、連載にせよ本にせよ、筆者にとっての苦難は、雑誌や本を編む者たちのそれに比べるべくもない。深く感謝する。

すっかり夜のざわつきが戻った大阪駅前第二ビルの地下街にて

本田一成

【参考文献】

渥美俊一『渥美俊一チェーンストア経営論体系　事例篇』白桃書房、二〇一〇年
渥美俊一『渥美俊一チェーンストア経営論体系　理論篇Ⅰ』白桃書房、二〇一〇年
渥美俊一『渥美俊一チェーンストア経営論体系　理論篇Ⅱ』白桃書房、二〇一〇年
禿あや美『雇用形態間格差の制度分析』ミネルヴァ書房、二〇二二年
金　英『主婦パートタイマーの処遇格差はなぜ再生産されるのか』ミネルヴァ書房、二〇一七年
濱口桂一郎『新しい労働社会』岩波新書、二〇〇九年
濱口桂一郎『働く女子の運命』文春新書、二〇一五年
濱口桂一郎『ジョブ型雇用社会とは何か』岩波新書、二〇二一年
本田一成『チェーンストアのパートタイマー』白桃書房、二〇〇七年
本田一成『主婦パート　最大の非正規雇用』集英社新書、二〇一〇年
本田一成『チェーンストアの労使関係』中央経済社、二〇一七年
本田一成『オルグ！オルグ！オルグ！』新評論、二〇一八年
本田一成『ビヨンド！KDDI労働組合二〇年の「キセキ」』新評論、二〇二二年
ダイエー労働組合「はぐるま」（機関紙）
東光ストア労働組合「全東光」（機関紙）
全西友労働組合「はだかの発言」（機関紙）
全ユニー労組組合「ゆう」「全ユニー労組ニュース」（機関紙）
長崎屋労働組合「全長労新聞」「スクラム」（機関紙）

全ジャスコ労働組合「ふぇにっくす」（機関紙）
イトーヨーカドー労働組合「さんか」（機関紙）
イズミヤ労働組合「あした」（機関紙）

著者紹介

本田一成（ほんだ　かずなり）

武庫川女子大学経営学部教授。

法政大学大学院社会科学研究科修士課程修了。博士（経営学）。

主な著作に、『ビヨンド―KDDI 労働組合20年の「キセキ」』（新評論、2022年）、『写真記録・三島由紀夫が書かなかった近江絹糸人権争議』（新評論、2019年）、『オルグ！オルグ！オルグ！―労働組合はいかにしてつくられたか』（新評論、2018年）、『チェーンストアの労使関係―日本最大の労働組合を築いたZモデルの探求』（中央経済社、2017年）、『主婦パート―最大の非正規雇用』（集英社新書、2010年）、『チェーンストアのパートタイマー―基幹化と新しい労使関係』（白桃書房、2007年）、『チェーンストアの人材開発―日本と西欧』（千倉書房、2002年）、など。旬報社にて、筆名渋谷龍一で『女性活躍「不可能」社会ニッポン』（2016年）。

メンバーシップ型雇用とは何か
——日本的雇用社会の真実

2023年6月12日　初版第1刷発行

著　者　本田一成
装　丁　Boogie Design
組　版　キヅキブックス
編　集　古賀一志
発行者　木内洋育
発行所　株式会社旬報社
〒162-0041
東京都新宿区早稲田鶴巻町544　中川ビル4F
TEL 03-5579-8973　FAX 03-5579-8975
HP https://www.junposha.com/
印刷製本　シナノ印刷株式会社

ISBN978-4-8451-1824-3